中小都市の「B級グルメ」戦略

新たな価値の創造に挑む10地域

関満博
seki mitsuhiro
古川一郎 編
furukawa ichiro

新評論

B級グルメの新たな展開

一九九〇年代初め頃から全国各地で育まれてきた
「**B級グルメ**」（安くて旨くて地元で愛されている名物料理や郷土料理）
は、いま新たな時代に入りつつある。
二〇〇〇年前後から幾多の困難に直面してきた日本の「地域」は、
成熟社会における新たな価値の創造に向けて、
「暮らし」「人びと」に光を当てたまちおこしに取り組み始めている。
本書では特に、高齢化・人口減少・基幹産業の疲弊などの課題を抱える
「中小都市」をクローズアップする。
全国一〇の中小都市における、
暮らしに根ざす独自の食文化＝「B級グルメ」の「発見」の過程と、
それを地域の価値創造に活かす熱い取り組みを追い、
「B級グルメによるまちおこし」の新時代を展望する。

グ ル メ マ ッ プ

本書に登場する10地域のB級グルメは**太ゴシック**で示した（数字は章）。細ゴシックは前作『「B級グルメ」の地域ブランド戦略』（新評論 2008年1月刊）で取り上げたもの。それ以外に、「B級ご当地グルメの祭典！B-1グランプリ」（公式サイト：www.b-1gp.cande.biz/）に出展され、代表的なB級グルメとして認知度の高いものを**明朝体**で示した。

全国B級ご当地

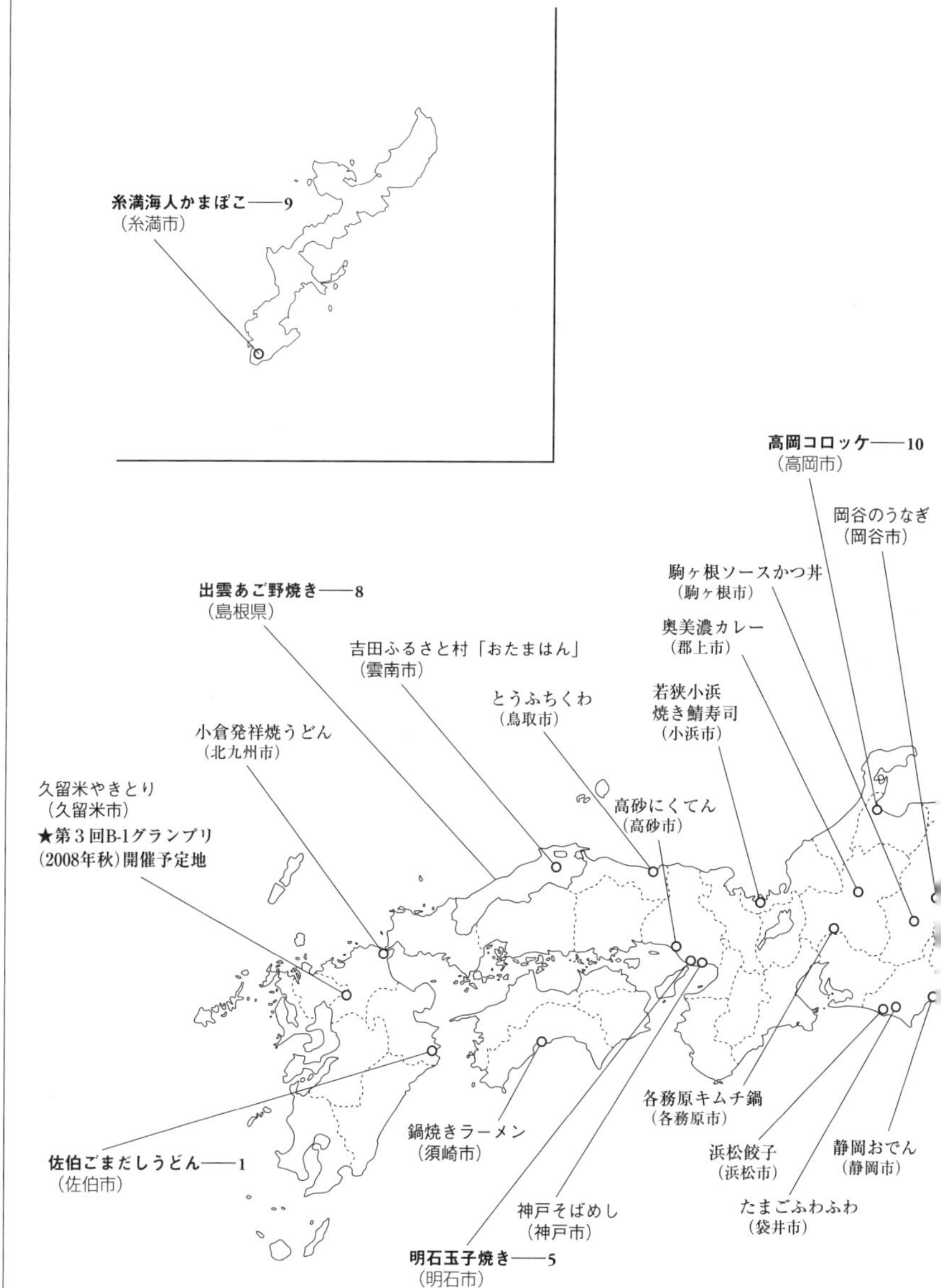

糸満海人かまぼこ——9
（糸満市）
高岡コロッケ——10
（高岡市）
岡谷のうなぎ
（岡谷市）
駒ヶ根ソースかつ丼
（駒ヶ根市）
出雲あご野焼き——8
（島根県）
奥美濃カレー
（郡上市）
吉田ふるさと村「おたまはん」
（雲南市）
若狭小浜
焼き鯖寿司
（小浜市）
とうふちくわ
（鳥取市）
小倉発祥焼うどん
（北九州市）
久留米やきとり
（久留米市）
★第3回B-1グランプリ
(2008年秋)開催予定地
高砂にくてん
（高砂市）
各務原キムチ鍋
（各務原市）
鍋焼きラーメン
（須崎市）
佐伯ごまだしうどん——1
（佐伯市）
浜松餃子
（浜松市）
静岡おでん
（静岡市）
たまごふわふわ
（袋井市）
神戸そばめし
（神戸市）
明石玉子焼き——5
（明石市）

はじめに

バブル経済が崩壊した一九九〇年代の初めの頃から、地域の中で育まれてきた「B級グルメ」というべきものが注目を集め、新たなまちおこしの焦点の一つとされ始めてきた。福島県喜多方のラーメン、静岡県富士宮の焼きそば、長野県駒ヶ根のソースかつ丼、福岡県久留米の焼きとりなどが、その先駆的なものとして注目される。それらのいずれもが、地域の人びとによって愛され、独特なものに高められていることで共通する。そして、より深く全国の各地に踏み込んでいくと、至る所で「B級グルメ」によるまちおこし、産業おこしが取り組まれていることを知るであろう。二〇〇〇年を前後する頃から、わが国は「B級グルメによるまちおこし」の時代というべきものになってきたのである。その象徴的な出来事が、二〇〇六年から開催されている「B級ご当地グルメの祭典！　B―1グランプリ」ということになろう。

その概要は前著『「B級グルメ」の地域ブランド戦略』（新評論、二〇〇八年）でふれたが、B―1グランプリの主催者の一人である野瀬泰申氏は、その意義を次のように指摘している。「金がかからず」「箱物がいらず」「地域の共通理解が初めから存在し」「失敗してもケガ人がでない」。まさにこうした点が、成熟社会に突入したわが国の新たな「豊かさ」ということなのかもしれない。

振り返ってみると、戦後日本の地域産業政策は主として工業化を軸に進められてきた。地場産業の育成、企業誘致、新産業の創造などが課題に上げられ、多くの力が投入されてきた。編者の関自身、このような流れの中に身を置いてきた。だが、一九七〇年代初めのニクソンショック、オイルショック、一九八〇年代以降のアジアNIESの躍進、一九八五年のプラザ合意、そして、一九九〇年代中頃からの中国の躍進などを経験し、また、国内的には一九九〇年代初めにバブル経済の崩壊、二〇〇〇年前後からは高齢化の進展、人口減少などに直面していく。この間、製造業のアジア、中国移管が進み、地方圏を支えてきた誘致企業の空洞化も顕著なものになり、さらに、国土の七〇%を占める中山間地域などでは、人口減少、高齢化の中で集落の維持さえ難しいものになってきた。このような枠組みの中で、従来型の地場産業の育成、企業誘致、新産業創造などは、特定の地域を除いては現実性の乏しいものになってきたことを痛感させられる。日本の大半の地域では、これまでとは異なった角度から、新たな可能性を模索していかなくてはならないのである。

このような認識を深めるほどに、日本の地方のこれからに関心が向けられていくことになる。そして、実際に日本の地方に足を踏み入れていくならば、意外な思いをすることになろう。格差社会が論じられ、地方は疲弊していると言われているものの、人びとは実に活き活きとしていることに気づくことになろう。それは従来の経済的豊かさを求める「産業振興」とは別のものであり、人びとの自発的な活動による「生き方」に関わっているようにも思える。地域の伝統的な「暮らし」を振り返り、そこに新たな価値を見出しているのであろう。各地に拡がる農産物の直売所、農村加工、「食」によるまちおこしなどは、その典型であり、成熟社会の新たなあり方を切り開いているように見える。それは、成熟した社会における「新たな価値の創造」と言ってよいであろう。伝統的社会から近代工業社会を経て、私たちは再び「地域」の「暮らし」に戻ってきたのかもしれない。

そして、そこに関わっている人びとは、実に活き活きとしており、光輝いていることに驚嘆することになろう。日本の新たな時代はここから始まるのではないかと思わせるものがある。地域産業問題の世界に生きてきた者として、新たな「発見」に心踊らされる毎日である。

以上のような新たな動きの中から、本書は二つの点に注目していく。一つは、地方圏の中でも人口五万人から二〇万人程度の「中小都市」に注目していく。全国的に見ると、このクラスの都市は多く、人口減少、高齢化に悩み、また、従来の基幹産業が疲弊している場合が少なくない。地域の活力を高めていくために苦慮している。そうした都市のこれからの一つのあり方として、「人びと」の「暮らし」に注目するという視点を提示していくことにしたい。

もう一つは、「食」特に「B級グルメ」に注目するという視点である。いずれの都市においても、「人びと」の「暮らし」があり、地元で大切に育まれてきた独特の「食」が存在する。その多くはあまりにも当たり前すぎて、特別に取り上げられることはなかった。ただし、落ち着いた成熟社会を迎えた現在、そのような当たり前のものに光が当てられ、新たな輝きを増してきている。B―1グランプリの賑わいなどは、そうしたことを象徴するであろう。成熟した人びとの関心は、華美なもの、作り物ではなく、地域の「人びと」の本物の「暮らし」が味わえるものに向かっているのである。それは大量消費時代を乗り越えた人びとに新たな「発見」を実感させるであろう。「発見」ほど人の心を昂ぶらせるものはない。地方の小さな都市の「食」「B級グルメ」に出会った人びとは、新たな「発見」に感動していくことになろう。「成熟」した時代、「発見」は最大の価値を帯びてきたのである。

以上のような視点から、本書は全国の一〇の中小都市の「食」「B級グルメ」に注目していく。本書で取り上げたケースは、B―1グランプリに出場するほどの知名度の高いものは少ない。大半が現在も地域の「人びと」によって温められ、育まれている「B級グルメ」なのである。本書では、それらの歩みとそこに関わっている人びとの「思い」にふれ、私たちの「発見」を語っていくことにしたい。

なお、本書は地域産業問題の研究に従事している私たちの第一二九冊目の共同研究となった。「食」に注目するものとしては、『「食」の地域ブランド戦略』（新評論、二〇〇七年）、『「B級グルメ』の地域ブランド戦略』（同、二〇〇八年）に続く第三冊目の報告となった。この領域、新たな「発見」ばかりが多く、世間に伝えるべきものの多さにたじろぐことになる。これからも新たな「発見」を重ね、有益な仕事をしていきたいと願っている。

なお、本書を作成するにあたり、多くの人びとから多大な協力をいただいた。十分な内容になっているかは皆様のご判断を待つしかないが、今後も深くお付き合いをさせていただくことで、ご容赦願えれば幸いである。最後に、いつも編集の労をとっていただいている山田洋氏、吉住亜矢さんに深く感謝を申し上げたい。まことに有り難うございました。

二〇〇八年六月

関　満博
古川一郎

中小都市の「B級グルメ」戦略／目次

第Ⅱ部　地元で生まれた自慢料理

第Ⅲ部　地元の材料で商品化

序章　中小都市の「まちおこし」とB級グルメ

関　満博

平成の大合併をくぐり抜けた現在、日本の基礎自治体である市町村の数は約一八〇〇になった。一〇年ほど前には約三二五〇であったことからすると、半分近くになっている。この合併で人口五万人前後から二〇万人前後の中小都市が全国に数多く誕生した。ただし、この合併騒ぎの中で、合併後の地域の産業のあり方まで十分に検討されたケースは極めて少ない。市庁舎の位置、新市の名称などがなかなか決まらず、時間切れのまま合併に至った場合が少なくない。

そのため、新たな合併市になってしばらくの時が経ち、意外なことに気づくことになる。特に、市域が数倍になり、従来の政策とは異なったあり方が必要になってきていることを痛感するであろう。例えば、産業政策においては従来の企業誘致や新産業創生などに加え、広大な中山間地域などをどのようにしていくかが問われていくことになる。従来の都市型の産業政策に加え、中山間地域型とでもいうべきあり方が重要性を帯びてきているのである。

その場合、改めて地域の資源を見直し、特に「農」や「食」、「暮らし」などに目を向けた新たなあり方が問われていくことになろう。このような点に関しては、先駆的な地域では二〇年ほど前から、興味深い取り組みが重ねられてきた。いわゆる地域で愛されてきた「食」、特に「B級グルメ」というべきものに着目し、新たな「まちおこし」「地域おこし」に向かおうとするものであった。それらの多くは特に地域の産業政策の対象として採り上げられることもなく、地域の人びとの「思い」の高まりにより、推進されてきたところに注目すべき点がある。

そして、そのようなうねりは、二〇〇〇年代も半ばを過ぎた頃から全国に燎原の火のごとく拡がっていく。その頂点というべきものが、二〇〇六年から開催されている「B級ご当地グルメの祭典！　B―1グランプリ」ということになろう(1)。それは、政策の場とは異なった所での、地域の人びとの「思い」の結集ということになろう。

そのような全国的なうねりに注目し、本書では特に全国各地の中小都市の中での具体的な取り組みを見ていくことにしたい。なお、より深みのある中山間地域における新たな地域おこしの流れとしては、農産物の直売所、農産物の加工場、農村レストランなどが注目されるが、その点は次の課題とすることにして、本書では主として、現在、中小都市で取り組まれている「食」と「暮らし」をベースにした「B級グルメ」による「まちおこし」に注目していくことにする。

1 「人」「暮らし」と「食」の時代

私たちは長らく地域産業政策の場に身を置き、企業誘致、新産業育成のための取り組みに従事してきたが、そうしたことが議論できる地域は、実は相当に限られたものであることも痛感させられてきた。条件不利のために企業進出は難しく、世間が注目するような新産業を育成していくための資源を見出すことも難しい地域が少なくない。特に、日本の地方の中小都市、さらに、中山間地域などでは、大都市や伝統的な企業城下町的な中小都市で議論されるような要素を見出すことはまことに難しい(2)。そのような中小都市や中山間地域は、これからどのようにしていけばよいのか。それは、日本の将来に関わる重大な問題であろう。

そのような視点から、改めて中小都市を眺めてみると、この二〇年ほどの間に、興味深い動きが生じていることを知ることができる。それは、地域の人びとによる新たな取り組みであり、地域の「人」と「暮らし」をベースにする「食」を焦点とする動きのように見える。いずれの地域にも「人」と「暮らし」と、さらに人びとに愛されてきた「食」が存在する。それらは、従来の産業政策の場で採り上げられるような代物ではなかった。だが、この二〇年、全国各地の地域の片隅から、新たなうねりが生じてきている。それは、地域を愛する人びとの「反乱」

であり、新たな「価値」の創造というべきものかもしれない(3)。

「B級グルメ」が注目される時代

一九九〇年前後のバブル経済の時代、飽食の日本では高級食材を使ったA級グルメが持てはやされた。それは戦後、焼け跡から立ち上がってきた私たちの「願い」の一つの頂点であったかもしれない。世界の高級食材を大量に輸入し、見掛上の繁栄を謳歌した成り上がりの時代の幻想の「最後の晩餐」に身を委ねていた。だが、その時代をくぐり抜け、足元を眺めると、国内的には人口減少、少子高齢化が際立ち、対外的にはアジア、中国が台頭し、日本の置かれている位置が絶対的にも、相対的にも次第に縮小していくことに気づき始めた。

人口減少に加え、この二〇年、経済活動の基礎になる事業所の数も激減していく。新規創業が不可欠として、多様な試みが重ねられているが、思うようなことにはなっていかない。政策の現場では焦燥感が拡がっている。おそらくこの時代、大きな価値観の転換が求められているのであろう。だが、その方向もよく分からない。私たちはそうした時代に生きているのである。

そして、バブル経済の崩壊した一九九〇年代の初めの頃から、全国の各地で興味深い取り組みが開始されていく。地域の人びとが地域の普通の「食」に注目し、地域の自慢の「食」として目を向け始めていく。その多くは、当初、地域の人びととの新たな「発見」であったように思う。飽食の時代を過ぎ、人びとは地域で育まれてきた「食」に新たな価値を見出したのであろう。そして、人びとを惹きつけるに従い、その地域の「食」の完成度が高まり、地域の特色を際立たせるものになっていったことが注目される。そして、注目されるに従い、地域の伝統「食」が深まっていったことは言うまでもない。

私たちの新たな「価値」の創造

このような世界では、多くの場合、少数の人びとによる「愛好者集団」が生まれ、食べ歩き、成り立ちへの関心、食材や製法への関心などが高まっていく。それは、まさに地域の「暮らし」そのものを象徴する、また確認するものとして受け入れられていく。そして、関心を抱く人びとの向かう方向が定まり、混沌としていた状況が整理され、さらに、人びとを惹きつけていくことになろう。それは、ある意味、地域の「自分探し」であるのかもしれない。そして、そこに関わる人びとの「自己確認」なのであろう。人びとは新たな「発見」に感動し、その「食」は地域を象徴するものとして完成度を高めていくことになる。これは、自分たちの「暮らし」に新たな「価値」を与えるものであり、また、これまでとは違った新たな「価値」を創造するということになろう。人びとは、飽食の時代を過ぎ、このことに気がつき始めたのである。

各地の「B級グルメ」への注目は、そのような文脈で理解することができる。私たちは新たな「価値」を創造しているのである。そして、このように地域の人びとに「愛され」、完成度を高めてきた「食」は全国的に注目されていくことになる。私たちは、ようやく自らを振り返った、地に足のついた興味深い世界にたどりついたのであろう。「B級グルメ」が注目され始めている現在を、私たちはそのように見ていかなくてはならないのである。

以上のような点に注目し、本書は全国の中小都市で取り組まれている「B級グルメ」による「まちおこし」に光を当てていくことにしたい。なお、本書で採り上げるケースの多くは、必ずしも全国的に注目されているわけではない。だが、いずれのケースにおいても、地域の人びとの深い関心の下で興味深い流れを形成しつつある。明らかに、地域の人びとは自分たちの「暮らし」の中で育まれてきた伝統的な「食」に新たな「価値」を見出し、自分たちを豊かにするものとして暖かな視線を向けている。それは、私たち自身が新たなステージに立ちつつあることを意味しているのである。

2 本書の構成

日本全国には、実に魅力的な「B級グルメ」への取り組みがみられるが、本書ではそれらの中から中小都市に注目し、全体で一〇のケースを採り上げていくことにする。なお、その場合、全体を大きく三つに分けていく。

一つ目は、第I部で取り扱う「めん類は一つの潮流」として、「うどん」「そば」「ラーメン」に注目していく。本書では採り上げないが、「焼きそば」を含めて麺類は私たちの日常食として広く定着し、また、各地で独特の発展を遂げている。全国の「B級グルメ」の中でも、最もポピュラーなものかもしれない。

二つ目は、第II部で扱う「地元で生まれた自慢料理」であり、地域の特色のある食材を前提にした興味深い料理を採り上げる。これらの多くは地域性が際立っており、他の地域では生まれにくい。先の「うどん」「そば」「ラーメン」「焼きそば」などとは全く異なった独自の世界を形成していることが興味深い。

三つ目は、第III部で扱う「地元の材料で商品化」したものであり、地域の特産品と言うべきものである。こうしたものは全国の各地で見られる。いずれも地域の特色を色濃く反映するものであり、地域の人びとに深く愛されてきたものであることは言うまでもない。

麺類は一つの潮流

第一章の「佐伯ごまだしうどん／大分の豊かな海の恵み」は、農水省の「農山漁村の郷土料理百選」にも選ばれた伝統食である「佐伯ごまだしうどん」を採り上げる。焼いた白身の魚によく炒りすりつぶしたゴマを混ぜ、醤油を入れた「ごまだし」と呼ばれる独特の調味料をベースにしたうどんである。歴史は古く、明治初期に遡る。冷凍・冷蔵技術が未発達の時代、保存食として、ファーストフードとして発達したとされている。家庭食でもあり、家庭でも独特の「ごまだし」が作られている。また、佐伯のまちの各地に「ごまだしうどん」を提供する飲食店があり、また、調味料としての「ごまだし」が販売されているのであった。

第二章の「栃木そば／中山間地域の農村レストランの展開」は、そばの産地であり、田舎そばを軸に中山間地域に農村レストランを展開している栃木県に注目する。「そば」は伝統食の中でも独特の発展をしている。職人的な技が高度化し、また、中高年男性の趣味の世界としても独特であり、完成度の非常に高い「食」と言えそうである。そのような意味では、「B級グルメ」を超えている存在かもしれない。この点、栃木県の各地で地域活性化の有力な手段として、中山間地域の集落単位の農村レストランとして展開していることはまことに興味深い。

第三章の「米沢ラーメン／『食』から地域経営を考える」は、B級グルメの代表選手の一つであるラーメンを採り上げる。[4] ラーメンは中華料理の壮大な拡がりの中から、日本ではそれだけ取り出され、興味深い独特な発展を遂げた「食」として注目される。むしろ、日本で完成度を高めたと言ってよい。米沢ラーメンはあっさり味の縮れ麺という特色を備え、地域の人びとに愛されてきた。この章では、地域の経営という視点から、米沢ラーメンを位置づけていくことにする。

地元で生まれた自慢料理

第四章の「あんこう鍋／北茨城の漁業を背景に拡がる」は、独特の鍋料理である「あんこう鍋」の本場に注目する。あんこうは元々、底引き網にたまにかかる魚であり、それ専門に獲るものではなかった。北茨城の近海で質の良いものがあがり、郷土料理として完成度を高めていった。北茨城の各漁港の飲食店で鍋料理として発展し、季節の料理として提供されている。まさに、ご当地を訪れなければ、本格的な「あんこう鍋」を食することはできない。まさに、ご当地グルメの典型と言えそうである。

第五章の「明石玉子焼き／地域ブランドの兄貴分の課題」は、「たこ焼き」のベースとなったとされる兵庫県明石の「玉子焼き」に注目する。全国に広まった「たこ焼き」について、「明石は生みの母であり、大阪が育ての父である」とされている。「明石玉子焼き」ブランドもかなり早い時期から世間に認知されてきた。しかも、近年、明石の地域振興、まちおこしの一つの主役としても期待されている。ただし、明石の中では強力な推進母体は出来ておらず、必ずしも求心力に富んだ展開になっていない。日本の地域ブランドの先駆的な存在である大阪の「お好み焼き」の先輩として、新たな展開が期待される。

第六章の「須坂みそ料理／伝統的な地域資源を生かす」は、長野県北部、須坂市の伝統的な特産物の味噌をベースにした須坂みそ料理に注目する。須坂は日本でも屈指の味噌の産地であり、現在でも多くの味噌醸造元が展開している。この味噌を使って新たな料理を開発しようとする動きが市民に拡がり、地域活性化の一つの取り組みとして推進された。いわば現代の創作味噌料理ということになる。当初は市内の飲食店と市民の取り組みであったが、その後、行政も巻き込んだ動きに発展していることが興味深い。伝統的な商品の「味噌」から、人びとが訪れてくる味噌料理の展開という、興味深い流れを形成しているのである。

第七章の「帯広ビフトロ丼／北海道十勝の連携が始まる」は、帯広で新たに取り組まれている地域資源である牛肉をベースにした「ビフトロ丼」に注目する。帯広と言えば、近年、地域おこし、まちおこしの世界では「北の屋台村」で知られている。[5] その北の屋台村の中から、新しい創作料理が生まれてきた。この帯広を含んだ北海道十勝地方は「食材」の宝庫であり、チーズ、パン、ワインなどの商品で興味深い地域ブランドを生み出してきた。そして、地域の食材による料理を楽しむものとして北の屋台が生まれ、さらに、地域資源を前提にした興味深い「食」を提供するところにまで来ているのである。

地元の材料で商品化

第八章の「出雲あご野焼き／地域の伝統を活かす」は、島根県出雲地方に拡がるトビウオをすり身にして焼き上げた「あご野焼き」に注目する。出雲地方でこの「あご野焼き」を生産する加工業者は約一五軒。それぞれが独自の道を歩んでいる。この水産物の練り製品は全国の各地に拡がっており、それぞれ地元の材料にこだわっていることも興味深い。練り製品だけで地域の特色を議論することも可能かもしれない。トビウオという興味深い魚をベースにする練り製品が、島根の出雲地方の伝統食品として深く定着しているのであった。

第九章の「糸満海人かまぼこ／沖縄の漁業のまち」は、沖縄の漁業のまち糸満市の練り製品に注目する。沖縄は観光産業の拡大をベースに地域おこしが進んでいるが、糸満など那覇市の南部地域は遅れをとっている。そのためのハードの建設が進んでいるが、ソフトの面の強化を意識し、糸満ブランドの育成に力を注いでいる。その最大の焦点が「糸満海人かまぼこ」である。元々、糸満ではかまぼこ産業が発展していたのであるが、近年、生活様式の変化からかまぼこ離れが進んでいた。そうした中で地域の総力を傾けるものとして「糸満海人かまぼこ」が取り組まれているのである。

第十章の「高岡コロッケ／ものづくりのまちの大作戦」は、高岡銅器、高岡漆器、さらにアルミのまちとして知られる富山県高岡市の取り組みを採り上げる。ものづくりのまちとして歩んできた高岡も、近年、製造業の低迷、人口減少等の事態に追い込まれている。このような事態を突破するものとして新たなイメージ戦略がとられ、市内でコロッケが多様な形で作られていることに着目、「コロッケのまち」として新たなイメージの形成を図っていった。市民を中心にする実行委員会を組織し、多様な取り組みを重ねているのである。

以上のように、日本の各地の中小都市では、現在、「食」を媒介にする地域おこし、まちおこし、地域ブランドの創出に向けて興味深い取り組みを重ねている。いずれの都市においても、従来型の地域振興ではなかなか次の時代をイメージすることができず、地域の「人」と「暮らし」、そして「食」に注目しながら、新たな「地域ブランド」の形成に向かっているのである。そのような流れを意識しながら、本書の各章では、全国の一〇の中小都市に注目し、具体的な取り組みを見ていく。そして、その取り組みの中から、中小都市の未来を見据えていくことにしたい。

（1）B―1グランプリについては、関満博・古川一郎編『「B級グルメ」の地域ブランド戦略』新評論、二〇〇八年、を参照されたい。

（2）中山間地域の概要については、関満博・長崎利幸編『市町村合併の時代／中山間地域の産業振興』新評論、二〇〇三年、関満博・足利亮太郎編『「村」が地域ブランドになる時代』新評論、二〇〇七年、関満博編『地方圏の産業振興と中山間地域』新評論、二〇〇七年、を参照されたい。

（3）このような「食」を焦点とする地域おこし、まちおこしの取り組みについては、関満博・遠山浩編『「食」の地域ブランド戦略』新評論、二〇〇七年、関・古川編、前掲書、を参照されたい。

（4）ラーメンについては、私たちはすでに、以下のようないくつかの地域の取り組みを報告している。鈴木眞人「ラーメンと蔵のまちの地域振興——福島県喜多方市」（関満博・横山照康編『地方小都市の産業振興戦略』新評論、二〇〇四年）、山藤竜太郎「福岡県久留米市／日本一の『焼き鳥』のまち」（関・古川編、前掲書）、関満博「栃木県佐野市／『ラーメン』と『いもフライ』のまち」（前掲書）、長崎利幸「高知県須崎市／路地ウラから全国区を目指す」（前掲書）。

（5）北の屋台村については、遠山浩「帯広市／北の屋台街」（関・遠山編、前掲書）で紹介している。

第Ⅰ部　めん類系は一つの潮流

第一章　佐伯ごまだしうどん／大分の豊かな海の恵み

山藤竜太郎

「佐伯の殿様、浦でもつ」と言われ、江戸時代には佐伯藩の城下町として海（浦）の恵みに支えられて発展してきたのが、大分県佐伯《さいき》市である。関アジ、関サバが獲れる大分市の佐賀関と同じく豊後水道に面し、新鮮で美味しい魚介類を活かした寿司が有名で、二〇〇〇年から「世界一、佐伯寿司」と銘打ったキャンペーンを商工会議所が中心になって展開している。

寿司に続く地域ブランドとして定着しつつあるのが、「ごまだしうどん」である。グルメ漫画として有名な『美味しんぼ』[1]で取り上げられたことをきっかけに一躍全国区となり、『はなまるマーケット』や『知っとこ』などの各種テレビ番組でも盛んに取り上げられている。

しかし、ごまだしうどんは最近になって生み出されたメニューではなく、二〇〇七年一二月には農林水産省認定の「農山漁村の郷土料理百選」にも選ばれた、地元で古くから親しまれた伝統ある「地域ブランド」である。そこで本章では、ごまだしうどんを中心に、佐伯市の食の地域ブランド化の動きを採り上げていきたい。

1 合併で再スタートを切った佐伯市

大分県最南端、宮崎県延岡市と県境を接する場所に佐伯市は位置する。大分空港を降り立ち、東九州自動車道を走り抜け、途中から一般道を通って合計一時間四〇分ほど車で走ると市内に入る。現在、東九州自動車道は途中までしか開通していないが、二〇〇八年六月二八日には佐伯インターチェンジが佐伯市内に完成予定である(2)。

写真1—1　ごまだしうどん

この高速道路の完成により一時間半を切る時間で大分空港から到着できるようになるだけでなく、北九州市など福岡県方面からの交通の利便性が一気に向上する。今回の訪問は二〇〇八年二月に北九州市方面から入ったが、別府、由布院までは気軽にアクセスできるものの、その先の道程が長い。宇佐、別府、由布院で年間二二〇〇万人と言われる観光客の恩恵は必ずしも

図1―1　佐伯市の位置

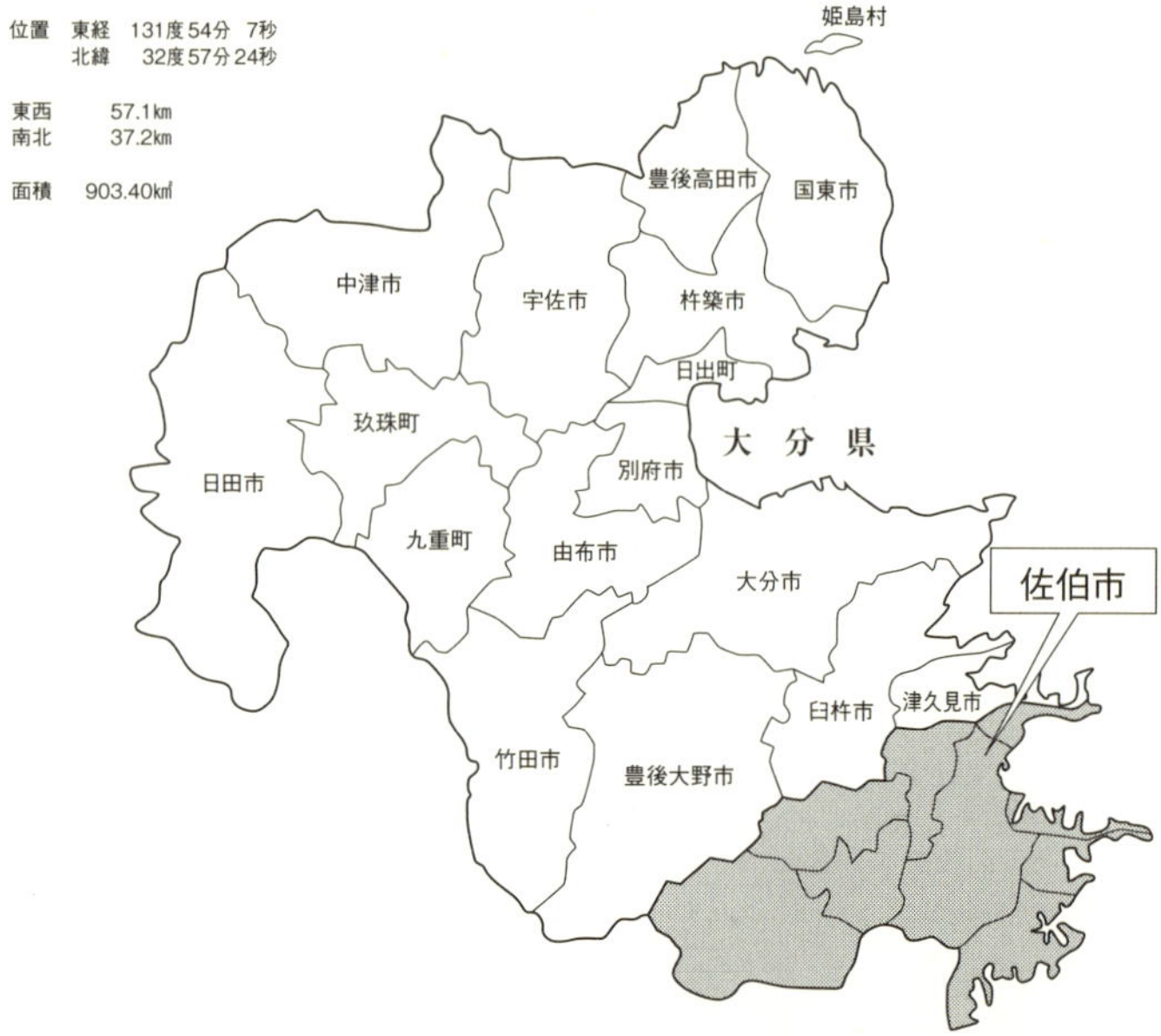

資料：『佐伯市市勢要覧　資料編』佐伯市役所、2007年

佐伯市まで届いていない。この交通の便が改善されることは、佐伯市にとって非常に大きなインパクトを与えると思う。

合併により「九州最大の面積」に

現在の佐伯市は二〇〇五年三月三日に合併したことにより面積は九〇三・四〇平方キロとなり、九州最大の面積の市としても知られつつある。合併は**表1―1**に示すように佐伯市と南海部郡五町三村が一つになったものである。南海部郡は「佐伯南郡」とも呼ばれて佐伯市との関係も密接であったため、大分県内でも最も早く任意合

表１—１　合併時の地区別人口と面積（2005年3月２日現在）

旧市町村名	人口(人)	構成比(%)	面積(km²)	構成比(%)
佐伯市	49,896	59.0	197.37	21.9
蒲江町	9,184	10.9	91.86	10.2
弥生町	7,501	8.9	82.89	9.2
鶴見町	4,107	4.9	20.24	2.2
宇目町	3,728	4.4	265.99	29.4
直川村	2,899	3.4	80.82	8.9
上浦町	2,625	3.1	15.68	1.7
米水津村	2,514	3.0	25.29	2.8
本匠村	2,077	2.5	123.15	13.6
合計	84,531	100.0	903.29	100.0

資料：『佐伯市市勢要覧　資料編』佐伯市役所、2007年

併協議会が設置され、比較的スムーズに合併作業は進められた(3)。

新・佐伯市の中心となったのは人口の約六割を占める旧・佐伯市であるが、人口の一〇％前後を占める旧・蒲江町と旧・弥生町の存在感も大きい。旧・蒲江町と旧・弥生町にはそれぞれ、「道の駅かまえ」と「道の駅やよい」という魅力あふれる道の駅が存在する。道の駅やよいは内陸にありながら、「おさかな企画」の開発した鍼麻酔によって眠らせた新鮮な魚の販売で知られている(4)。道の駅かまえは特産のブリを活かした「ブリかつバーガー」を開発し、揚げ物の「カツ」と受験に「勝つ」をかけ、受験シーズンを中心に大ヒット商品に発展させた。

また、旧・蒲江町はキヤノン初代社長の御手洗毅氏や、毅氏の甥であり現・キヤノン代表取締役会長の御手洗冨士夫氏の出身地としても知られている。

図1―2　ごまだしうどんの作り方

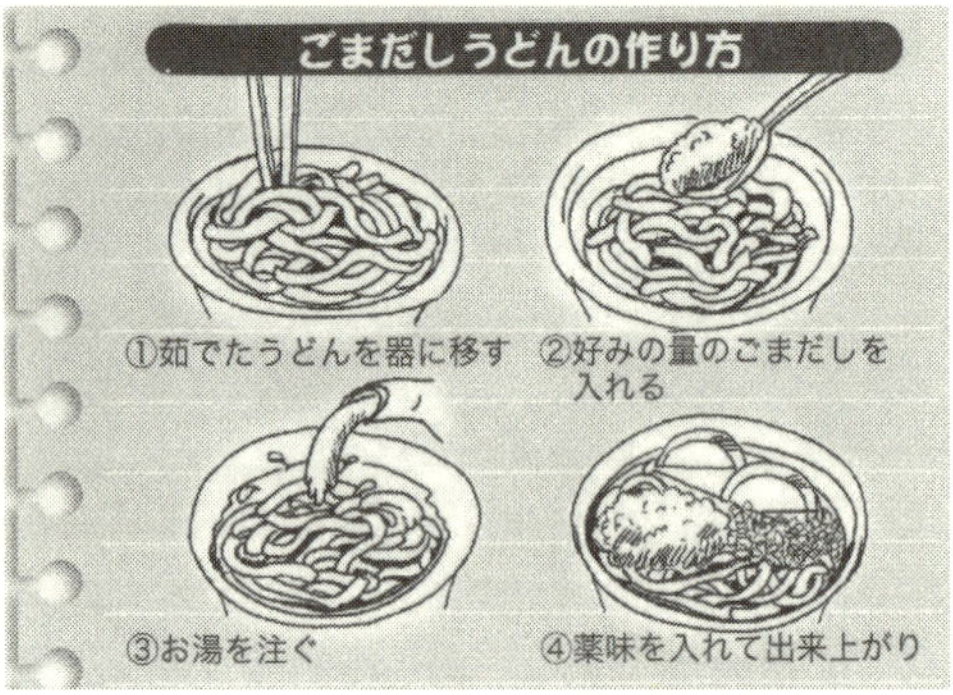

資料：『佐伯ごまだしパンフレット』佐伯市観光案内所、2008年

毅氏も冨士夫氏も旧・佐伯市の中心部にある大分県立佐伯鶴城高校に通い[5]、冨士夫氏は新・佐伯市初の名誉市民となっている。

2　佐伯市の郷土料理、ごまだしうどん

ごまだしうどんとは、良く炒ったゴマをすりつぶし、焼いたエソなどの白身魚の身をほぐして混ぜたものに醤油を入れた「ごまだし」と呼ばれる調味料がベースのうどんである。「ごまだしうどんの作り方」によれば、①茹でたうどんを器に移す、②好みの量のごまだしを入れる、③お湯を注ぐ、④薬味を入れて出来上がり、となっている。

一見すると味噌のように見えるごまだしだが、ゴマの風味が香るペースト状の調味料である。高級カマボコに使用されるエソなどの白身魚も入っているため、うどんつゆにダシを取る必要がなく、お湯を注ぐだけでできるという手軽さである。

ごまだしの発祥は一二〇～一三〇年前の明治時代に遡るとされる。当時は冷蔵・冷凍技術が未発達であり、豊漁の際に余った魚は干物にする位しか保存方法がなかった。そこで考え出されたのが、ごまだしである。ゴマも魚も火が通っているため、冬場なら一カ月、夏でも一週間は常温で保存可能。しかも、作り置きしておけば忙しい時でも簡単に調理可能とあって、漁業の合間をぬって食事をする際にも手間がかからない、伝統的なファーストフードとも言える。

ごまだしうどんを食べるには

かつては全国の家庭で味噌が作られていたように、ごまだしも各家庭で作られていたため、佐伯市内でもごまだしうどんを食べられる店は必ずしも多くはない。その中で、最も有名なのが味愉嬉食堂である。

味愉嬉食堂は佐伯駅や佐伯市役所にも程近い市内中心部に立地している。平日の昼時、近隣で働くサラリーマンの常連客が多い中、たまたま空いていたカウンター席に座った。「ごま出しうどん」は四〇〇円、今回注文したのは六〇〇円の「ごま出しうどん定食」と四八〇円の「チキン南蛮」である。チキン南蛮がメニューにあることが、宮崎県が間近にあることを感じさせる。しかし、ごまだしうどんは佐伯地方ならではの郷土料理であり、宮崎県側でも大分県内でも、佐伯市の他にごまだしうどんを食べている地域は存在しないという。

写真１―２　味愉嬉食堂の磯貝直利氏

地元客ではないとわかったのか、ごまだしうどん定食が出される際に「食べ方わかりますか？」と、気さくに声を掛けてきてくれたのが磯貝直利氏（一九七〇年生まれ）である。同店特製のごまだしに、ほんの少しユズ味噌を加えると、より風味が立つと説明してくれた。

ごまだしを溶かすにつれて、最初のあっさり味のうどんつゆから、段々と味わい深いものへと変化が楽しめた。ごまだしうどんだけでなく、チキン南蛮も若干甘めのタレが九州らしく美味しかった。昼時とあって食事客は入れ代わり立ち代りやって来て、地元に愛される店であることがよく分かった。

『美味しんぼ』でも紹介され、ごまだしうどんの名店として知られていた「かわべ」は、現在では飲食の提供を止めてしまっている。かわべ以外にも、鮮魚店や水産加工会社などは、瓶詰めのごまだしを販売していても、飲食を提供していない店も多い。そこで、かわべのごまだしを始め、佐伯市の各店のごまだしうどんを味わうことができるのが、「さえき海の市場〇」である。

さえき海の市場○は、一九○二（明治三五）年創業の佐伯海産が運営している農水産物直売所である。大分県南部の水産加工会社、農家など八○余りの企業・団体が商品を並べている。佐伯駅から水産地方卸売市場の方向へ一○分程歩くと、一三○○平方メートルの巨大な店舗が目に入る。

一四種類のごまだしが週替わりで提供されている。訪問した週には「おち鮮魚店」のごまだし。レジで四○○円を支払うと、手早く調理されたごまだしうどんが出された。味愉嬉のごまだしに比べて若干薄味で、代わりに魚のダシが効いている印象である。

写真1―3　さえき海の市場○

ごまだしうどんを買うには

さえき海の市場○では一四種類のごまだしが週替わりで提供されているが、それを上回る種類のごまだしを店内で買うことができる。すり身の天ぷらやエイヒレのミリン干しなどの水産加工品を押しのけて、棚の中心に瓶詰めのごまだしが数多く並んでいる。二○○グラム入りの瓶が一つ五○○円から一○○○円程度、原料にエソ以外の鯛や平目などを使用しているものは比較的高価な印象であった。

例えば、おち鮮魚店の場合、エソのごまだしが二〇〇グラム五八〇円なのに対し、天然の鯛のごまだしは一五〇グラム六八〇円と、グラム単価で一・五倍以上違う。しかし、考えてみれば天然の鯛で作られたごまだしが六八〇円というのは、大変お買い得であるようにも思える。

今回訪問した範囲で最も多くの種類のごまだしを扱っていたのは、さえき海の市場〇であったが、市内各所でごまだしを買うことができる。味愉嬉でもお土産用にオリジナルのごまだしを買うことができ、かわべでも鮮魚とともにごまだしの店頭販売を行なっている。

写真1―4　瓶詰めのごまだし

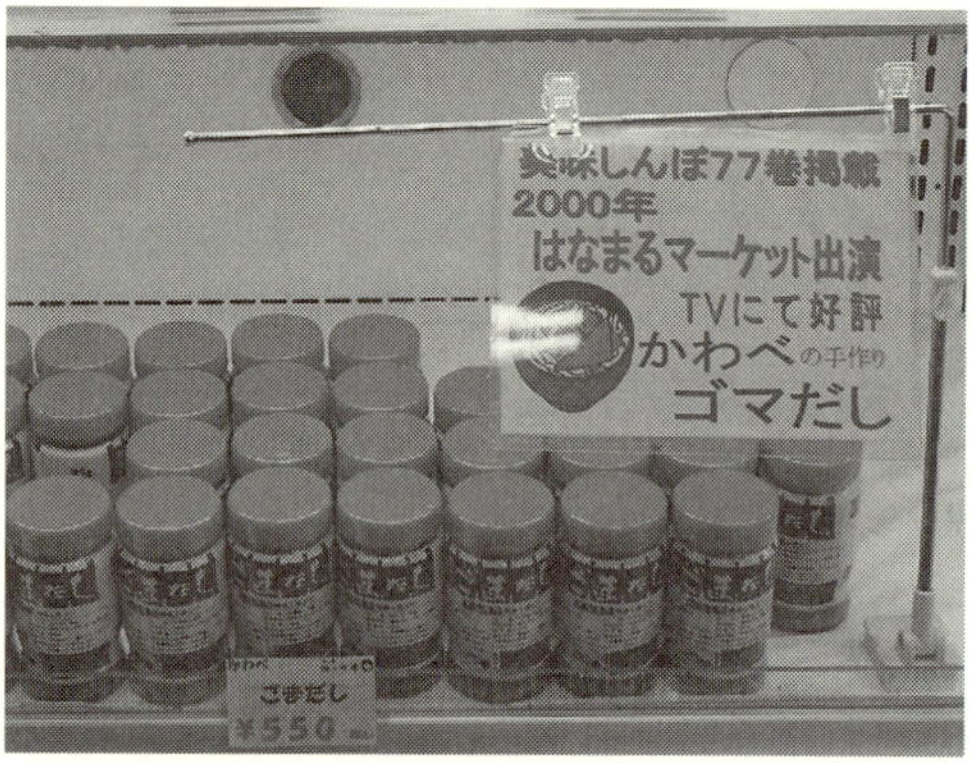

道の駅かまえや道の駅やよいでは、近隣の会社の製品を中心に数種類のごまだしを販売している。道の駅ではごまだしに馴染みのない来場者が購入する場合も多いようで、「おいしいごまだしうどんの作り方」のチラシも配っていた。

3　佐伯ごまだしの地域ブランド化

市役所で出迎えてくれたのは、佐伯市役所観光課主任の岩崎裕祐氏と佐伯市観光協会事務局次長の古田浅男氏である。佐伯市役所の正面には「祝『釣りバカ日誌一九』ロケ地決定！」という佐伯市観光協会の垂れ幕が掲げられ、二〇〇八年五月一〇日から始まる撮影の受入準備で沸き立っていた。

佐伯市は二〇〇八年に、高速道路のインターチェンジの供用開始によるアクセスの改善、『釣りバカ日誌』の公開による全国的なPR効果、という大きなチャンスを得て、市外の人びとを佐伯市に呼び込む要素を必要としていた。

それこそが、ごまだしうどんというB級グルメなのであった。二〇〇〇年から商工会議所を中心に取り組んできた「世界一、佐伯寿司」という試みは、佐伯市のすし店「錦寿司」の岩佐洋志氏と「寿司源」の福永守氏が、二〇〇七年一二月にアラブ首長国連邦のドバイで王族を相手に寿司を提供したことで世界進出という一区切りを迎えた(6)。

寿司というA級グルメに続くのは、ごまだしというB級グルメである。岩崎氏は、「家庭料理を正しく継承することで、地域の食のブランド化を図りたい」と語っていた。この地域ブラ

写真1―5　佐伯市の担当者

左が古田氏、右が岩崎氏

ンド化のための組織として、二八社・団体が加盟して「佐伯ごまだしの会」が二〇〇七年八月二〇日に結成されたのである。

佐伯ごまだしの会

佐伯ごまだしの会の目的は、「佐伯地域に伝わる郷土料理として『ごまだし』を継承し、消費者に対して地域の取り組みとして『ごまだし』を提供することにより、食のブランド化を目指した『ごまだし』の地位を確立すること(7)」とされている。

会長は「喰いまくり会館グリコ」の山内正則氏、副会長は「仕出し　まつき」の松木健司氏と「漁村女性グループめばる」の桑原正子さん、事務局長は味愉嬉の磯貝直利氏である。喰いまくり会館グリコは「佐伯うまいもん通り」の中心にある、客席数三〇〇と佐伯市を代表する居酒屋。喰いまくり会館グリコや味愉嬉のような料理店だけではなく、仕出し店や女性グループもメンバーとなる幅広い取り組みである。

二〇〇七年一一月二日から四日にかけて、東京都中央区の晴海トリトンで開催された「第二回　味わい広場」に佐伯ごまだし会として参加した。三日間で四〇〇本のごまだしの瓶詰めを販売し、ある程度の手ごたえを得ることができた。

図1―3　『ごまだしマップ』表紙

資料：『佐伯ごまだしパンフレット』佐伯市観光案内所、2008年

佐伯ごまだし会では『ごまだしマップ』を作成し、二〇〇八年四月一日から「佐伯ごまだし食べ歩きラリー」と題したイベントを二〇〇九年二月末まで開催中である。このイベントは、加盟店でごまだしうどん一杯につき一枚もらえるシールを集めることで、「佐伯ごまだし瓶詰め五本セット」が抽選で当たったり、「有田焼ごまだし専用丼碗」がもらえたりする仕組みになって

いる。

4　海の恵みを活かして

佐伯市を語る上で欠かせないのが橋本正恵さん（一九四九年生まれ）である。二〇〇八年一月二九日に農林水産省と国土交通省による「農林漁家民宿おかあさん一〇〇選」の初回二〇人のうちの一人として選ばれたことは記憶に新しいが、橋本さんの魅力は容易には語り尽くせない程である。

一九七〇年、当時は完全な男性社会であった魚の仲買に進出するため、橋本正恵商店（現在の丸二水産）を設立する。三人の男の子を育てながら、一九七九年には沖合養殖、一九八七年には定置網漁と事業を拡大。一九九〇年には今回の受賞理由にもなった「海の体験民宿　まるに丸」をオープンしている。一九九六年には当時の蒲江町観光協会会長に就任し、合併後の現在では佐伯市観光協会副会長（会長は佐伯市長）を務めている。

その間、農村の「グリーンツーリズム」に倣って漁村の「ブルーツーリズム」を実践し、大分県と宮崎県の県境を越えた「食」の交流として「東九州伊勢えび海道」の運動を推進するなど、活発な社会貢献活動も行なってきた。子育てをしながらの積極的な活動が認められ、二〇〇六年には男女共同参画担当大臣から「女性のチャレンジ賞」を受賞している。

民宿・旅館　まるに丸

丸二水産が運営している宿泊施設には、「民宿　まるに丸」と「旅館　まるに丸」の二つがある。民宿は一九四二年に建てられた民家を改装し、二五人程度が泊ることができる広々とした建物である。旅館は丸二水産の離れにあり、一〇人ほどが宿泊できる二間続きの建物である。今回は少人数での宿泊ということで、旅館を案内された。あらかじめ到着時間を伝えてあったので、旅館に着くと夕食が奥の間に用意されていた。食卓の上には刺身、焼魚、煮魚だけでなく、伊勢海老、緋扇貝などが並び、まさに魚介類のオンパレードであった。しかも、それらを橋本さん自ら給仕をしてくれるという大サービスである。

写真１—６　まるに丸の朝食

翌朝は早起きをして散歩をすると、銀色の屋根の建物が続く光景が不思議に映った。後で聞くと、平日の養殖場ということである。宿に戻り朝食になってまた驚かされた。魚の干物、卵、海苔など、一見するとどこの旅館でも見かけるようなメニューであったが、味噌汁が今まで見たこともないような姿をしている。浦先汁《うらまえじる》と呼ばれるもので、伊勢海老が丸ごと一匹入っている味噌汁であった。伊勢海老の身はもちろん美味しかったが、ダシの良く出た味噌汁の味も格別であった。

丸二水産

まるに丸のコンセプトは「おかまいがない宿」ということであったが、言い換えれば、宿泊客が積極的に活動できる宿である。細かい給仕などの過剰なサービスがない代わりに、ウニ加工、魚釣り、カゴ漁、魚の餌やり、つわぶき狩り、みかん狩り、レモン狩り、体験料理、干し物作りなど様々な体験コースが用意されている。

今回見学したのはウニ加工。ウニの殻を割り、身を採り、洗い、箱に並べる作業である。地元の女性一〇人ほどが分業で作業をしている。午前中は主にウニ加工に従事することが多く、昼にあがった魚を、午後は加工したり、出荷したりといった作業が待っている。

基本的には毎日作業を行うが、用事がある場合などは交代で休暇を取る。訪問した際はちょうど一〇時の休憩時間であり、全員がコーヒーを飲みながら休んでいた。休憩時間が終わると作業に戻り、積み上げられたウニを鮮やかな手つきでさばいていた。

朝、疑問を持った平目の養殖場を見学させてもらうと納得で、海底を這うように生息する平目の養殖は沖合ではなく、むしろ陸上の方が適していることが分かる。小さな平目から大きな平目まで、数多くの水槽で養殖されていた。

丸二水産の平目の養殖場の特色は、無投薬ということである。一般的に養殖の場合、病気等による大量死を防ぐために薬を使用する。しかし、丸二水産では水槽の掃除をこまめにすることで雑菌やウイルスの繁殖を防ぎ、水槽内の平目の数を減らすことでストレスを抑えるなどの配慮をして、無投薬を実現している。

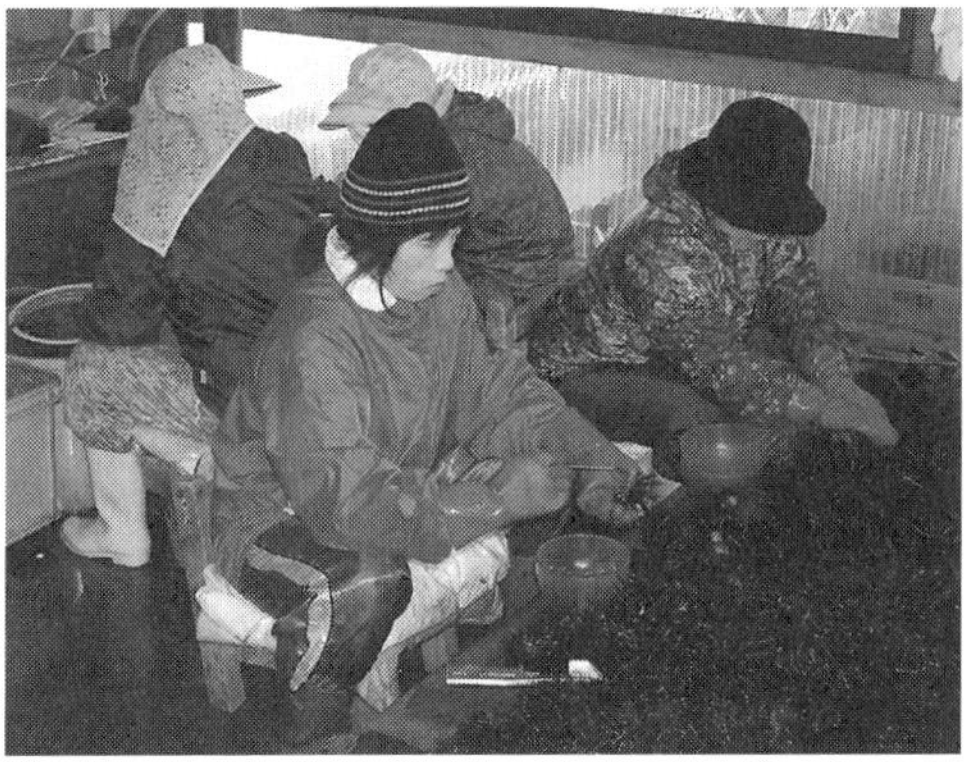

写真1―7　丸二水産のウニ加工

佐伯市の魅力はなんと言っても海の恵みである。農産漁村の郷土料理百選に選ばれたごまだしうどんも、農林漁家民宿おかあさん一〇〇選に選ばれた橋本さんの民宿・旅館まるに丸も、豊かな海に支えられた存在である。これまで世界一、佐伯寿司をアピールしてきたが、まさに世界でもトップクラスの海と海産物が佐伯市には存在する。

こうした海の恵みを活かすのは、地域に対する想いを持った人物である。岩崎氏は「結（ゆい＝相互扶助）の範囲が重要です」と語ったが、顔の見える範囲＝地域に対する想いが重要である。佐伯市には橋本さんという稀有の存在があり、これまで様々な活動を牽引されて来た。橋本さんには今後の更なるご活躍を期待するとともに、新しい世代の動きにも期待したい。橋本さんの三人の子息や、味愉嬉の磯貝氏のような四〇歳前後の世代が活躍することで、佐伯市は今後何十年にも渡って魅力あふれる地域であり続けるであろう。

高速道路の開通、有名映画の撮影というチャンスをホップ、ステップと考え、ごまだしうどんで大きくジャンプして欲しい。

（1）雁屋哲・花咲アキラ『美味しんぼ　第七七巻』小学館、二〇〇〇年。
（2）西日本高速道路『ニュース・リリース』二〇〇八年四月二一日。
（3）市町村合併については、関満博・長崎利幸編『市町村合併の時代／中山間地域の産業振興』新評論、二〇〇三年を参照されたい。
（4）おさかな企画については、関満博『ニッポンのものづくり学』日経ＢＰ社、二〇〇五年、第七章を参照されたい。
（5）御手洗冨士夫氏は大分県立佐伯鶴城高校から東京都立小山台高校へ転校。
（6）「佐伯の『すし』、世界デビュー」（『大分合同新聞』二〇〇七年一二月六日）一面。
（7）「会則　第二条」佐伯ごまだしの会、二〇〇七年。

第二章　栃木そば／中山間地域の農村レストランの展開

関　満博

「食」によるまちおこし、地域おこしの中でも、「そば」は興味深い位置にあるように見える。ラーメン、焼きそばと同様に単品で勝負できる点は共通するものの、その歴史は古く、シンプルであり、完成度の高い職人的店舗が全国に拡がり、また、農山村地域の農家の伝統食の延長でも提供されるなど、幅の広い議論を可能にしている。さらに、近年は「そば打ちブーム」により、中高年を中心に自分で趣味的に楽しむ人も増えているなど、他の「食」とはやや異なった展開に踏み出している。

また、地域的に見ると、「そば」を軸にした地域おこしは、山形県、福島県、栃木県、群馬県、長野県などの東日本の中山間地域に目立った動きがあるが、西日本はやや低調であり、わずかに福井県、島根県あたりが指摘される程度であろう。全体的な傾向として、中山間地域などの条件不利地域では「そば」、平地に降りてくれば「うどん」などと言われている。条件不利の山の深い東日本で「そば」が注目され、新たな地域おこしの焦点とされているのであろう。

さらに、そばは栽培が比較的容易と言われ、中山間地域の高齢化した農家でも、休耕田などで栽培可能であり、そのような地域に新たな「希望」を与えている。高齢時代の中山間地域を語る場合の一つの焦点ともなろう。そして、中山間地域の農業の活性化、集落の活性化への一つの興味深い取り組みとして、農村レストラン[(1)]、特に「そば屋」が注目されていく。本章では、そのような動きを先導するものとして、栃木県の各地の動きに注目していくことにしたい。

1　そばの産地とそば打ちの伝統

そばの原料の国内自給率は約二〇％程度とされ、大半は中国、北米などから輸入されている。他方、国内でも、休耕田の再利用の中でそばの栽培が見直され、さらに、高齢化した農業者でも可能なものとして注目され、各地で栽培面積、生産量も増えている。

二〇〇六年の作付面積では、北海道が群を抜いており、全国の約三八％を占める一万六四〇〇ヘクタールであり、第二位が山形県の三二五〇ヘクタール（七・六％）、以下、福島県、青森県、長野県、茨城県、福井県と続き、栃木県は第八位の一五九〇ヘクタール（三・七％）であった。この点、生産量では、第一位の北海道の一万四二〇〇トン（四三％）がやはり圧倒的に多く、第二位は茨城県の二八三三トン（八・六％）、以下、長野県、福島県と続き、栃木県は第五位の一六九〇トン（五・一％）であった。栃木県は本州では有力なそばの生産地の一つということになろう。

奥行きの深い「そば打ち」

麺食としてのそばは、大きく「更科そば」に代表されるそばの実の胚乳部分だけを使用した色が白く、見た目の美しい都会的なそば（江戸前そば）と、「山家《やまが》そば」とも言われ、そばの果皮（殻）を付けたまま製粉するものであり、「挽きぐるみ」と称される黒みの帯びた「田舎そば」に大別される。

特に、江戸前のそばは江戸時代に発展し、そば打ち職人を抱えた「大名そば」により完成度を高めていった。また、江戸期のそば屋は社交場であり、旦那衆が職人を抱えて「そば屋」を開設していたとも言われている。現在でも、歴史のあるそば屋では、品書き以外の刺身、板わさ等のつまみが提供され、かつての社交場であったことを彷彿とさせる。そして、江戸で修業した職人たちが全国に散り、そば打ちの技術が拡がり、麺食のそばが全国に普及していった。

他方、農村部ではそばの栽培は行われていたものの、そば打ちの技術は未成熟であった。当初はそばがき等が中心であり、その後、次第に素朴な麺に変わっていった。

また、明治以降のそばの歴史は、保存食の「乾麺」に向かったとされている。戦後は生活の洋風化等の中で、食のバラエティが増え、そばは中高年向きの食として位置づけられていく。

そして、この「そば」がブレイクするのは、一九九〇年前後からであった。健康食として、また、中高年の趣味としてのそば打ちが注目され、各地で、教室などが開催されていく。単純に見えて、実に奥の深い「そば打ち」が中高年世代に注目されていくのであった。

近代そばの始祖／片倉康雄氏

このそば打ちのブームの中で、一人の人物が注目されていく。近代そばの始祖と言われる片岡康雄氏（一九〇四年～一九九五年）である。片岡氏は埼玉県加須市の出身、東京滝野川のそば屋（やぶ忠）で修業し、一九五四年、足利で創業している（一茶庵）。当時の足利は繊維産業で賑やかであり、「食い倒れの足利」と言われ、旦那文化が拡がっていた。さらに、原料産地が近いことも興味深い。栃木県は東京に最も近い原料産地なのである。

片岡氏は足利を拠点にし、東京にも店を展開しながら、そば打ちを究めていく。特に、片岡氏は「江戸期のそば打ちの道具が残っていない」として、道具の復元、開発に深い関心を寄せていた。この片倉氏の下には多くの人びとが修業に入り、現在では約七〇〇人の弟子が全国に拡がっている。近代日本のそばの世界の王道と言うべきであろう。

片倉氏が著した『片倉康雄手打ちそばの技術』（旭屋出版、一九八八年）は、現在でもそば打ちのバイブルとされている。そば打ちの世界に「足利詣で」という言葉があるが、それは片倉康雄氏の一茶庵に教えを請うべく全国からそば打ち職人が押し寄せてきたことを意味している。足利は近代そばのメッカということにもなろう。その「一茶庵」は、現在は子息が継承している。

歴史を引き継ぎ、思いを重ねる

この足利に、片倉康雄氏の最後の弟子であり、そば打ちを究め、継承しようとする人物がいた。蕎遊庵《きょうゆうあん》店主の根本忠明氏（一九五四年生まれ）である。足利出身の根本氏は趣味のそば打ちを一五年ほど続け、プロのそば屋には負けないほどの技術を身に着けていた。だが、晩年の片倉氏に出会い、その自負は見事に打ち砕かれた。以後、根本氏は片倉氏の亡くなるまでの四年間、直接的な指導を受けていく。晩年に片倉氏の下にいた根本氏自身「私は他の方のような弟子というわけではなく、厳しく指導を受けたというよりも、なんでも教えてもらえた。師は自分の思いの全てを誰かに伝えておこうとしていたのかもしれない」と振り返っていた。

根本氏は足利市内で喫茶店の経営のかたわら、二〇〇二年から週に三回ほど「そば打ちの教室」を開催していた。この五年で二五〇〇人の人びとを指導してきた。プロの職人も参加するほどのものであった。その後、二〇〇七年七月には長年やっていた喫茶店を閉め、「蕎遊庵」というそば屋を開店させている。教室を開きながら、食べてもらうことに身を置いていくことになった。片倉氏の「思い」を受け継ぎ、そば打ちを究め、人びとに伝えていこうというのであろう。根本氏は「そばは歴史に支えられている」「江戸期が一番レベルが高かった。まだ、昔に追いついていない」「製粉が大切。石臼一つでも違う」「良い道具を理解してもらいたい」「階段を登るように、プロセスを楽しんでもらいたい」と語るのであった。

片倉氏が築いた足利のそばの基盤を受け継ぎ、「そば道」とでも言うべき取り組みを重ねている方が、足利に根づいていたのであった。このような伝統が、そばを軸に新たな世界を切り開こうとしている栃木の各地の動きに良質な影響を与えていくことが期待される。

2　そば博覧会と地域ブランドの模索

近年、全国の各地で「食」を焦点とするまちおこし、地域ブランドの創設を目指した取り組みが重ねられている。行政主導のものもあれば、地域の人びとが主体になって進められているものもある。栃木の「そば」をめぐっては、各市町村が個々に取り組み、県庁も関わり、また、民間の動きも重なっている。二〇〇七年一〇月には、県民から募集したキャッチコピーとロゴマークも制定され、そばを焦点とするまちおこし、地域おこしが興味深いものになってきた。キャッチコピーは「出会い　味わい　そば　とちぎ!!」というものである。

栃木のうまい蕎麦を食べる会

全国にそば好きが増え、各地で多様な活動が重ねられているが、そばの本場の一つである栃木でも活発な活動が推進されている。一九九一年には、野木町の屋代武司氏（巴屋店主）が、「下野九一会」を結成、町内の畑を借りてそばの種まきから収穫までの実際を体験し、また、自分でそばを打つなど、様々なイベントを通じて本物のそばにふれてもらおうと歩みだした。

一九九八年には、発展的に「栃木のうまい蕎麦を食べる会」となり、二〇〇一年には全国のそば愛好家の団体である全国麺類文化地域間交流推進協議会（全麺協）に入会、活動が活発化していく。

この全麺協とは、一九九四年、富山県利賀村（現、南砺市）で世界そば博覧会が開催されたことを契機に、福島県山都町（現、喜多方市）、福井県池田町、北海道幌加内町など、そばの生産地の町村が主体に一九九五年に結成されたものであり、そばを通じて地域活性化を図ろうとしている。「全国そば博」の開催、衛生などを勉強する「日本そば大学講座」の運営、さらに「ZEN麺ライセンス」という単位取得制度を作り、そば打ちの愛好者に「段位」を提供している。二〇〇八年度現在の会員は賛助会員を含めて一一三会、実質的には個人ベースで四六〇〇人を超えている。二〇〇二年には、第八回日本そば博覧会を栃木県今市市（現、日光市）

で開催している。

ところで、栃木のうまい蕎麦を食べる会は、そばを打って食べるだけでなく、一連のプロセスを楽しむことをモットーにしている。二〇〇八年現在の会員数は一七〇人、五〇歳代のサラリーマンが多いが、女性も三〇人ほど参加している。全体の会は年間に三～四回、グループでは毎月勉強会などを開催している。そばを打つ人は約半数、残りの半数は食べるだけの人である。

この栃木のうまい蕎麦を食べる会の目的は、以下のようなものである。

① 体験活動を通して、会員相互の親睦を図り、地域の振興に寄与する。
② 蕎麦に関する情報交換及びそば打ち技術の向上。
③ そばのイベントへの参加・そばの勉強会と食べ歩き。
④ 栃木県の地元産蕎麦の普及と質で環境の向上を図るための活動。
⑤ そばづくりで安全の見える、会員が共に確認でき手抜きを許さぬ安心のできるうまい蕎麦を作ること。
⑥ 蕎麦施設の拠点づくり（そばセンターの設立）運動。

会員の中からは、すでに独立してそば屋を開店している場合が、四～五軒となっているのである。

とちぎそばの郷づくり推進協議会

栃木県は原料のそばの生産地であることから、そばを軸にしたまちおこし、地域おこしへの関心は深い。地形的に宇都宮を中心とする平野部に向かって周囲の山から沢筋が入っており、沢ごとに在来品種のそばが確認されている。その数はおよそ二〇種に上る。それだけ、特色のあるそばが提供されることになる。著名なそば産地としては、仙波そば（旧、葛生町、現、佐野市）、八溝そば（旧、馬頭町、現、那珂川町）、日光そば（旧、今市市、現、日光市）、永野そば（旧、粟野町、現、鹿沼市）などが知られる。

栃木県全体のイメージ形成、活性化を願う栃木県庁はこれらを連携させていこうとするのだが、産地ごとの独立性が強く、なかなかまとめあげていくことは難しい。二〇〇二年には、旧今市市で行われた第八回日本そば博覧会を契機に、栃木県の主導の下に「とちぎそばの郷づくり推進協議会」を設立し、県内の特産品であるそばの生産振興、消費拡大を推進し、地産地消による「そばの郷づくり」を通じて活性化を図ろうとしている。当面の事業としては、各地域のそば祭りの開催支援、県産そばのブランドづくりを目指している。現在、栃木県の各地でそば祭りが開催されているが、その中でも目立つのが「日光そばまつり」。毎年一一月初めに四日間の日程で開催されるが、約一〇万人が訪れるほどのものになってきた。

鹿沼／東京に一番近いそばの郷

鹿沼市は栃木県内の市町村の中では、原材料の生産量が一番多い。東京から最も近い原料産地として、東京市場での評価も高い。そのため、むしろ、原材料が地元に回ってこないことが指摘されていた。他方、近年、栃木では日光そばの活動が活発化し、日光そば祭りの賑わいは周囲に大きな刺激を与えている。鹿沼市内のそば店や関係者から「なんとかならないのか」との声が上がっていく。

これを受けて、鹿沼市役所は二〇〇六年にそば生産農家、そば店にアンケート調査を実施し、併せて関係者の意見を聴取する。翌二〇〇七年には関東一の〝そばの郷〟を目指す「〝鹿沼そば〟振興計画」を立てていく。第一段階は「継続可能なイベントの開催」「認証制度の実施」「推進協議会の設置」、第二段階は「西北部中山間地域を〝鹿沼そば〟特定地域として推進」「永野地区を〝鹿沼そば〟のイメージとして活用」「刈り取り作業に対する支援」、第三段階は「流通体制の整備」「品質についての研究」「安定供給、安定価格の確保」等を掲げていた。

二〇〇七年一一月、鹿沼そば振興会を設立、さらに、二〇〇七年一二月には「鹿沼そば味比べ」と題するイベントの「そば天国」を開催したが、二日間で二万人の人を集めた。さらに、市内のそば屋の認証制度をスタートさせたが、市内約一〇〇店のうち、市内産のそばを使って

図２—１　鹿沼そばマップ

資料：鹿沼市

いる二八店が認証を受けた。振興会としては、市内産の原料を確保できるための取り組みが不可欠とし、市役所も「鹿沼ブランドの中核的存在」として〃鹿沼そば〃を位置づけ、支援のための取り組みを重ね始めているのである。

　この〃鹿沼そば〃の象徴的な存在の一つが、中山間地域にある農村レストランの「そばの里永野」である。永野地区は一九九五年に農産物の直売所を設置している。間伐材を利用して自分たちで建物を建設した。翌一九九六年には直売所の裏に農村レストランの「そばの里永野」を建設している。現在の直売所のメンバーは三〇家族（一人入れば、家族も加入）、月木休みで通年営業である。そばの里永野は、直売所メンバーの女性が一五人で対応、土日祭日のみの営業となっている。さらに、農村レストランの中に県市の補助を受けながら、加工場も自前で設置していた。これらの結果、永野地区のそばの作付面積は当初の一〇町歩から、現在では五〇町歩に拡大し、生産農家四〇世帯の経営も安定してきている。直売所、農村レストラン、加工場の建設、そして、生産農家の安定という中山間地域における望ましい流れが、鹿沼の山里で展開されていたのであった(2)。

3　田舎そば／農村レストラン先進県の栃木

以上のように、栃木県の各地域で興味深い取り組みが重ねられている。ここでは、それらの中でも主として旧今市市（現、日光市）で取り組まれている「田舎そば／農村レストラン」を、具体的なケースで見ていくことにする。

㈶都市農山漁村交流活性化機構の『きらめく農家レストラン』（二〇〇七年）に掲載されている農家（村）レストランをのぞくと、栃木県が一番多いことに気づく。二〇〇六年段階で七〇店であり、第二位の宮城県（四二店）、第三位の広島県（三七店）を大きく引き離している。

栃木県における農村レストランの始まりは一九八三年の「レストハウスしもつけ」（旧、国分寺町、現、下野市）、一九八七年の「黒羽ふるさと物産センター」（旧、黒羽町、現、大田原市）などとされている。栃木の農村レストランの歴史は深い。

また、栃木の農村レストランの主な営業品目は、圧倒的にそばであり、二〇〇八年現在の七二店のうち、五五店（七六％）を占めている。その他ではうどんが三店、残りの一四店がその他の食材であった。そばは単品で勝負できることから、興味深い展開となっているのであった。

表２―１　全国の農村レストランの設置数（2006年）

順位	都道府県	店数
1	栃　木　県	70
2	宮　城　県	42
3	広　島　県	37
4	大　分　県	30
5	埼　玉　県	28
6	北　海　道	24
7	山　形　県	23
8	岩　手　県	21
9	長　野　県	21
10	千　葉　県	20

資料：㈶都市農山漁村交流活性化機構編『きらめく農家レストラン』2007年

農村レストランの草分け／三たてそば長畑庵

一九八〇年代の中頃、中山間地域の典型である旧今市市の長畑《ながはた》地区の人びとは、「何かしなければ」地域が崩壊するとして、元々有名であった地元のそばに注目していく。原料の生産だけではなく、付加価値を付けるために「生そば」にして近くのゴルフ場に販売していくことを考える。元々、この地区の農家の主婦はそば打ちをしていたことも、このような発想にいたるキッカケになった。戸隠あたりまで

写真２―１　三たてそば長畑庵の柴田晃組合長

食べ歩き、「自分たちでもできる」ことを確認、技術の平準化を図っていった。

県市の助成を得て四名で組合を結成、一三〇〇万円の資金でスタートする。国が五〇%、県が一〇%、残りの四〇%を借り入れた。準備期間は七年、一九九一年にスタートした。ただし、建設費が足りず、什器備品などの四五〇万円をなんとか工面してのスタートであった。本来は生麺加工場としての認可であったが、当初から食事として提供していくと爆発的に人気が出ていく。当時、農家がそば屋をやるなど考えられないと言われたが、時はバブル経済の絶頂期であり、近くのゴルフ場の客が大量にやってきた。昼時には品切れになる状況であった。「挽きたて、打ちたて、茹でたて」の「三たて」のキャッチフレーズが受けた。栃木の農村レストランのそば屋としては草分け的存在となっていった。

当初から地元産原料を使うことを基本にし、近くの農家二〇軒に生産組合を結成させ、そこから買い上げている。この方式は今でも変わらない。農協の買入価格は一俵（四五キロ）七〇〇〇円ほどだが、当方は二万円で買っている。組合長の柴田晃氏（一九二八年生まれ）は「そばは、原料で決まる」と語っていた。農村レストランを軸に農業生産が活性化するという良い循環が形成されていた。

スタートしてから一八年、当初の組合員はいなくなり、出資金も返し、当初一番若かった柴田氏一名の組合となっている。店は柴田家の嫁と孫（男性、二六歳）を中心に、地元の女性を七人ほど雇用し、平日は二〜三人、日祭日は四人ほどのメンバーで対応していた。孫と女性従業員がそば打ちに従事している。実質的には組合の機能はなくなり、柴田家の家業として継承されているように見えた。お客は平日は一〇〇人程度、日祭日で二〇〇人ほどであり、人気店の一つとして地域で重要な役割を演じているのであった。

有限会社に展開のそば組合／小代行川庵

旧今市市の小代《こしろ》地区には、三菱銀行頭取、吉田内閣経済顧問に任じていた加藤武男氏の立派な邸宅があった。その邸宅が栃木県に寄贈され、その後、さらに今市市に寄贈された。この施設を地域活性化に役立てられないかということになり、地元の小代地区の自治会に打診があった。小代地区は農家戸数五八軒であり、地元で相談し「そば屋でもやるか」ということになった。近くに三たてそば長畑庵があり、指導を受けることもできた。

写真2—2　庭園の見事な小代行川庵

三年間の準備期間を経て、一九九九年に組合を設立、開店していった。当初の組合員は三七名（現在は三五名）、一名当たり八万三〇〇〇円を出資した。また、栃木県から一五〇〇万円の補助金を受け、さらに、農協から一七〇〇万円を借り入れし、旧加藤邸を改修してのスタートであった。建物は市からの賃借、当初の五年間は年間家賃九万円であったが、その後は売上額の五％を支払っている。二〇〇七年の売上額は六四一〇万円を計上するなど、事業的には成功している。年間約九万人も訪れてくる。市役所への家賃の支払いも二〇〇七年は年間三二〇万円に達した。なお、この小代行川庵《こしろなめがわあん》そば組合は、設立二年後には有限会社に衣更えしている。組合から企業組織になったということである。

従業員は二三人、男性五人、女性一八人であり、男性はそば打ちなどを担当する。平日は一一〜一二人、日祭日は一六〜一七人で対応している。また、組合員の関係者は一人だけ入っているにすぎない。当初の従業員は地元の人であったが、現在では半数は他の地域から通勤してきている。材料は当然地元であり、組合員（出資者）の一名が栽培している。また、粉も組合員の一名が挽いている。会社組織になっているものの、材料、製粉は地元であり、他から従業員を導入するなど、それだけの事業になってきた。農村レストランの一つの発展形ということになろう。

写真２―３　尊徳仕法農家を復元した報徳庵

観光ルートに位置する農村レストラン／報徳庵

旧日光街道の杉並木が続く杉並木公園の一角に、二宮尊徳が考案した尊徳仕法農家が復元されている。当初は竹下内閣の時の「ふるさと創生事業」の一環として一九九二年に整備された公園の中の売店とされたのだが、当時の今市市から地区の人びとに「そば屋でもやらないか」との誘いがあり、地区の農家の一七軒がそば組合の「清水川の会」を結成、一九九四年に報徳庵を開業した。建物は市の所有であり、賃貸料として売上額の五％を支払っている。また、三％は清水川の会に支払っている。

場所が日光東照宮への途中、また、鬼怒川温泉に近いことから観光客が多い。中高年の夫婦、若いカップルが目立つ。日祭日には三〇〇～四〇〇人が訪れてくる。昼時は一時間待ちが常態化している。観光ルートのポイントということであろう。市の要請から、正月の三が日以外は無休。営業時間は夏は一一時から一六時、冬は一一時から一五時であった。ここも事業的には大成功している。

従業員は全体で一〇人、男性が四人（三人は定年後のアルバイト）おり、ここではそば打ちは男性のみが行っていた。なお、従業員一〇人のうち、清水川の会の会員の関係者は副会長の夫人だけであり、残りの人は近くの五〇歳～六〇歳代の女性であった。材料は地元の今市産のものをJAを通じて確保していた。粉は会長がこの事業のためだけに挽いていた。この報徳庵のケースは、地の利の良さから、安定的な事業基盤を形成しているように見えた。

女性たちで運営される農村レストラン／水無湧水庵

現衆議院議員で、元栃木県知事であった福田昭夫氏は、一九九一年三月～二〇〇〇年九月までは旧今市市長であった。当時の福田市長は農村振興のために、市域のポイントとなる地区に農村レストラン（そば屋）を展開することを計画、県の補助事業を利用しながら、各地に語りかけていった。旧今市市の各地に農村レストランのそば屋が展開していることの背景には、そのような事情があった。

そうした要請に呼応し、旧今市市の水無地区の農家一三軒が組合を結成、二〇〇〇年に水無《みずなし》湧水庵《ゆうすいあん》をスタートさせている。建物の建設費用は二五〇〇万円、それに什器備品が加わった。これに対し、県単の「ふるさとルネッサンス推進事業（一九九六〜二〇〇〇年度）」の補助金でほぼ半額を受け、さらに旧今市市からも若干の支援を得てスタートしている。座席は五〇席、正月の三が日、お盆、そして二月に実施されている研修期間以外は全て開店し、一一時〜一五時の営業となっている。

来店は天気に大きく左右されるが、平日は一八〇〜二〇〇人、日祭日は最大で四〇〇人も訪れてくる。場所はわかりにくいのだが、ネットや雑誌で見た人が訪れてくる。年々、若い人のグループやカップルが増えているようであり、昼時は一時間待ちが常態化している。

従業員は全て女性の九人。組合関係の人は女性一人がリーダーとして入っており、水無地区の人だけでなく、地の地区の人もいる。アルバイトの一〇代の女性から六〇歳代の人までおり、女性全員でそば打ちから配膳までを担当していた。女性たちは、ここでそば打ちを覚えられたと語っていた。旧今市市の片隅で、興味深い仕事が展開されているのであった。

公民館と合築の農村レストラン／小百田舎そば

旧今市市の小百《こびゃく》地区、公民館建設が課題となり、県の補助金を得て建設を進めていった。福

写真2―4　公民館と合築の小百そば組合

田昭夫元今市市長はこの地区の出身であり、「そば屋」を勧められた。地区の小百自治会が地元で二〇〇〇万円の寄付を集め、公民館の建設に合わせ合築で農村レストランを建設して、一九九六年三月にスタートしている。建設後、固定資産税を回避するために土地は市に寄贈している。したがって、土地の使用料を市に年間二四万円を支払い、また、建物の使用料として小百自治会に月六〇万円を支払っている。固定的な税負担が少なく、自治会に貢献できるというものである。小百自治会の範囲の中で小百そば組合が三五軒の農家で設立され（一軒五万円の出資）、農村レストランの小百田舎そばが運営されているという構図になっていた。

組合メンバーの農家の夫人でそば打ちできる人を中心にスタートし、従業員一八人は全て組合員の夫人で構成されている。若い人で五〇歳代、上は八〇歳である。月曜日定休日とし、一時～一五時に開けている。平日は六人、日祭日は一〇人で対応していた。組合長である我妻一巳氏（一九四一年生まれ）が経理、仕入などを担当しているが、店の関係は全て女性が担っている。八時三〇分出勤、一六時三〇分退勤、時給は八七〇円となる。また、売上額が一日従業員一人当たり二万二〇〇〇円を超える場合、特別の繁忙手当ても出していた。年配者でも同じ賃金を得られることから、たいへんに喜ばれている。

場所が東照宮と鬼怒川温泉の近くにあり、観光バスも立ち寄るなど、昼時は一時間待ちが常態化している。創業時から順調に進み、年間売上額は四〇〇〇万円、来客数は年間六万人に達する。この二〜三年は出資者に対し二〇％の配当を出している状況であった。固定的な負担を圧縮し、組合員の女性を基本に営業し、地の利の良さから興味深い、そして地域に深く貢献できる事業を展開しているのであった。

道の駅に併設の農村レストラン／円仁庵

栃木県南の岩舟町（人口約一万八八〇〇人）、葡萄の生産では北関東一とされ、最近では苺の栽培も増加している。栃木県の農業関連施設があり、岩舟町はそれと一体的に「観光農園化」することを目指している。その中核施設としてミニ道の駅(3)が形成され、農産物の直売所、地域情報センター、レストラン等が設置され、その敷地の一角に農村レストランのそば屋「円《えん》仁庵《にんあん》」が展開していた。県のむらづくり事業の補助金を得て、町が建設したものであった。

この円仁庵の建物施設は岩舟町の所有であり、地元の下津原地区の農家の女性たちに会を作

写真２—５　円仁庵のそば打ち

らせ、一九九九年にスタートしている。会員は二三～二四人、男性は四人であり、他は五〇歳代から八〇歳までの女性である。年配の女性は、元々、家庭でそば打ちをしており、彼女たちの技術を均一化させることが一番の苦労であったとされている。実際、会員全体のローテーションで事にあたっており、一五～一六人の女性たちがそば打ちに従事している。先の旧今市市のケースと異なり、組合ではなく農家の女性たちの会として運営されている。

粉は隣のＪＡ佐野に挽いてもらい、営業時間は一一時～一五時となっていた。年間の売上額は約四五〇〇万円であり、来客数は年間五万人を超えている。常連客に加え、隣の農産物直売所を訪れた人が寄っていくことになる。直売所は農協に委託されたものであり、円仁庵の女性たちの会とは関わりないが、直売所と農村レストランという一つの典型的な取り組みがなされているのであった。

4　中山間地域の新たな可能性

ここまで見たように、栃木県においては、各地にそばを軸にした農村レストランが展開され、地域のイメージ形成、地域ブランドの形成に向けて興味深い取り組みを重ねている。原材料が地元にあり、その付加価値を高め、地域の活性化を促すものとして農山村の集落（地区）をベースにした取り組みとなっている。栃木県としては各地のそばを統合し、全体のイメージを鮮明にしたいようだが、各地の独自性は強く、「栃木そば」としての統一イメージを形成していくには、もう少しの時間がかかるのかもしれない。日光そば、鹿沼そば、足利そばなどがそれぞれ興味深い動きを重ね、世間の人びとに愛されていくことが基本なのであろう。地域ブランドの形成という意味では、栃木県のそばは、現在、発展途上ということになろう。今後、栃木県の中で多様かつ独特なそばが拡がり、全体のイメージが新たに形成されていくことを期待したい。

また、特に、この栃木県のそばをめぐる動きは、日本の中山間地域の活性化という点では極めて興味深いものである。地元の原材料を使用し、衰退気味の集落の活性化を願い、地元の農家の夫人たちを中心に農村レストランのそば屋を展開、収入の場と就業の場を提供している。

形式的には、旧今市市で取り組まれていた集落（地区）ごとに組合を作る形態から、農家夫人の会によるものまで、可能性の幅を拡げていることが注目される。

そして、栃木県の農村レストラン（そば屋）の実験は、ほとんどが成功していることも興味深い。昼時は一時間待ちが常態化し、経営的に成功しているケースが目立つ。また、事業的に拡大している場合、新たな雇用の場を生み出していることも注目される。他の地区の人びとが就業し、そば打ちの技術をマスターできたなどと楽しんで従事している場合が少なくない。さらに、どのケースにおいても八〇歳ほどの女性が従事しているのであり、農山村における高齢者雇用に一つの可能性を示していることも注目されよう。この栃木県で推進されている農村レストランの取り組みは、日本の中山間地域の一つの「希望の星」と言えるかもしれない。

また、先に検討したように、栃木の足利は近代そばの発祥の地の一つとされる。高度なそば打ち技術が地域に蓄積されている。それらと農村レストランとの新たな関係の形成により、より洗練された技術が蓄積されていくことが期待される。おそらく、栃木の農村のそば屋を訪れる人びとは、栃木のそばの歴史と中山間地域の農村の人びとの思いの丈に感動し、栃木の各地のそばに深い関心を寄せていくであろう。

先に指摘したように、そばは「食」の中でも独特の要素を秘めている。シンプルである中に深いものが横たわっている。ただ食べるだけでなく、ただ打つだけでなく、プロセス全体が楽しめるものになっている。特に、原料生産からそば打ち、そして、地元の環境の中で食するという一連のプロセスを楽しむことができる。そのような暮らしと一体になっている「食」として、そばが注目されていくことになろう。それは新たな時代の「地域ブランド」を形成し、中山間地域に新たな可能性をもたらすことになるであろう。そのような兆しを栃木の中山間地域に見ていかなくてはならない。

(1) 全国各地に農村レストラン、農家レストランなどの名称のものが生まれてきている。栃木県の場合は「農村レストラン」と称し、「地域の農業者が共同で、または、市町村、農協等が主体となって、地域の活性化や農業振興をめざし、地場農産物を農業者自ら料理して提供する施設」としている。

(2) 農産物の直売所、農村レストラン、加工場という流れは、特に日本の中山間地域の活性化に重要な役割を果たしている。この永野地区の取り組みは、その一つの典型として注目される。こうした問題については、(財)都市農山漁村交流活性化機構編『農産物直売所運営の手引き』農文協、二〇〇一年、同『農産物直売所発展の手引き』農文協、二〇〇五年、田中満『人気爆発農産物直売所』ごま書房、二〇〇七年、が有益である。

(3) 「道の駅」は一九九一年からスタートしたものであり、国土交通省により、全国に約八七〇カ所が指定されている。トイレ、駐車場、地域情報センター、物品の販売施設、レストラン、農産物の直売所などから構成されている。まだ、以上の要件を満たしていない施設については、「ミニ道の駅」などと呼ばれている。

第三章　米沢ラーメン／「食」から地域経営を考える

古川一郎

米沢にはまちをあげての大きな行事が二つある。厳冬の二月に行われるのが、雪で作られた三〇〇にも及ぶ灯籠に灯をともす幻想的な上杉雪灯籠まつりであり、もう一つ、初春のゴールデンウィークに行われる上杉まつりである。この二つの行事だけで四〇万人を超える観光客が米沢を訪れる。この上杉まつりは、上杉藩の藩祖上杉謙信を祭神とする米沢神社と、二代藩主の景勝と九代藩主の鷹山を合祀する松峰神社の春の大祭である。全市民をあげて行われるこの祭りの名物は、山車や騎馬武者などの時代行列と、上杉・武田の川中島の合戦シーンを再現した一大スペクタクルである。

米沢ラーメンの調査に訪れたのは、ちょうどこの上杉まつりの準備が忙しくなる直前の四月中旬、観光客もまばらな落ち着いた感じの上杉神社の桜の大木はまだほとんどつぼみであったが、これから始まる賑やかなお祭りを待ちわびているように思えた。

上杉まつりの話から始めたのは、取材に訪れた米沢市役所の商工観光課、米沢観光物産協会の男性の多くが髭を伸ばしていたからである。インタビューに対応してくれた人たちが揃って、自分たちがなぜ髭を生やしているか、その事情の説明から話し始めた。なぜ、無精髭なのか。それは、上杉まつりのクライマックス、川中島の合戦では敵軍の武田軍のなり手が少ないので、市役所の人たちは髭面の戦国時代の武者らしくなって武田軍としてまつりに参加するからなのだ。そのためにわざわざ無精髭を生やしている。市役所からの帰り際に注意してみると、確かに髭を伸ばしている人が多い。市をあげて、これらの行事を楽しむ様子が目に浮かぶ。市民の多くが上杉の城下町であることに誇りを抱いていることがよく伝わってくる。米沢市のキャッチコピーは、「上杉の城下町」であるが、市民はこのイメージをとても大事にしているのである。

本章では、上杉の城下町米沢の現状を概観した上で、観光振興に対する取り組みの姿勢とその特徴、さらにもっと広く地域経営という考え方を、米沢ラーメンという日常から考えてみたい。

写真3—1　上杉伯爵邸[1]

1　上杉の城下町、米沢の現状

米沢市は山形県の南端に位置し、置賜郡(2)（現在の名称は置賜地方）の中心都市である。東京からは山形新幹線で二時間ちょっとであるが、福島で東北新幹線から別れた山形新幹線は、米沢までわずか四〇キロの距離を三〇分以上かけてやっと到着する。途中にある駅名が峠駅ということでもわかるが、磐梯朝日国立公園の吾妻連峰をあえぎながら登り切らなければ、米沢盆地にはたどり着けないからである。

地勢的にはこの吾妻連峰を源流とし「五月雨をあつめてはやし最上川」という芭蕉の句でも有名な日本三大急流の一つ最上川が、この米沢市を横切り山形県の穀倉地帯を縦走している。このような場所に位置する米沢市は、古くから交通の要衝であった。したがってその歴史は古く、伊達氏が二一二年間、その後上杉氏が二七二年間、ここに居城を構えたことから、城下町としての街並みが形成されたという(3)。ただし、冬は日本屈指の豪雪地帯であり、盆地であるが故に夏は高温多湿になるが、農業生産にはそれほど向いているわけではない。

このような環境の中で、古くから工業化が進められてきた。商工課の米沢市工業の説明の中にも、次のように記載がある。

「米沢藩九代藩主・鷹山公が藩財政の立て直しの方策として奨励し、産地としての基礎を築いた縮織（米沢織）は国内有数の高品質絹織物であり、明治期の官営織物工場建設や帝人㈱の前身である『米沢人造絹糸製造所』による化学繊維（レーヨン）の開発等を通じ、独自の産業基盤が形成された」。

この人造絹糸を作り出す技術はヨーロッパで開発され、その製品は明治末には日本に輸入されるようになったが、米沢高等工業高校（現、山形大学工学部）の講師に赴任した秦逸三が日本で最初に人造絹糸の開発に成功、化学繊維工業の発祥地の名誉を獲得できたのも、米沢織りの歴史と無関係ではないはずである。このベンチャー精神はいまでも息づいており、米沢にある山形大学工学部の城戸淳二教授を中心とした有機エレクトロニクス研究所などが、次世代技術の有機ＥＬの商品化に取り組んでいる。

このように、米沢市は藩政時代からの「米沢織」により発展した〝織物のまち〟であり、その過程で機械、撚糸加工、染色などの技術が発達し、こうした技術からワイヤーハーネスや電子コイルなどへの転換が進んできたのである。

産業の振興は地方都市共通の課題であるが、米沢市は二〇〇七年に経済産業省から「企業立地に頑張る市町村二〇選」にも選ばれている。**図3―1**を見てもわかるように、製品出荷額は一九九八年からほぼ一貫して増加しており、ＮＥＣのパソコン事業などの企業誘致の成功に

図３—１　製品出荷額と従業員数の推移

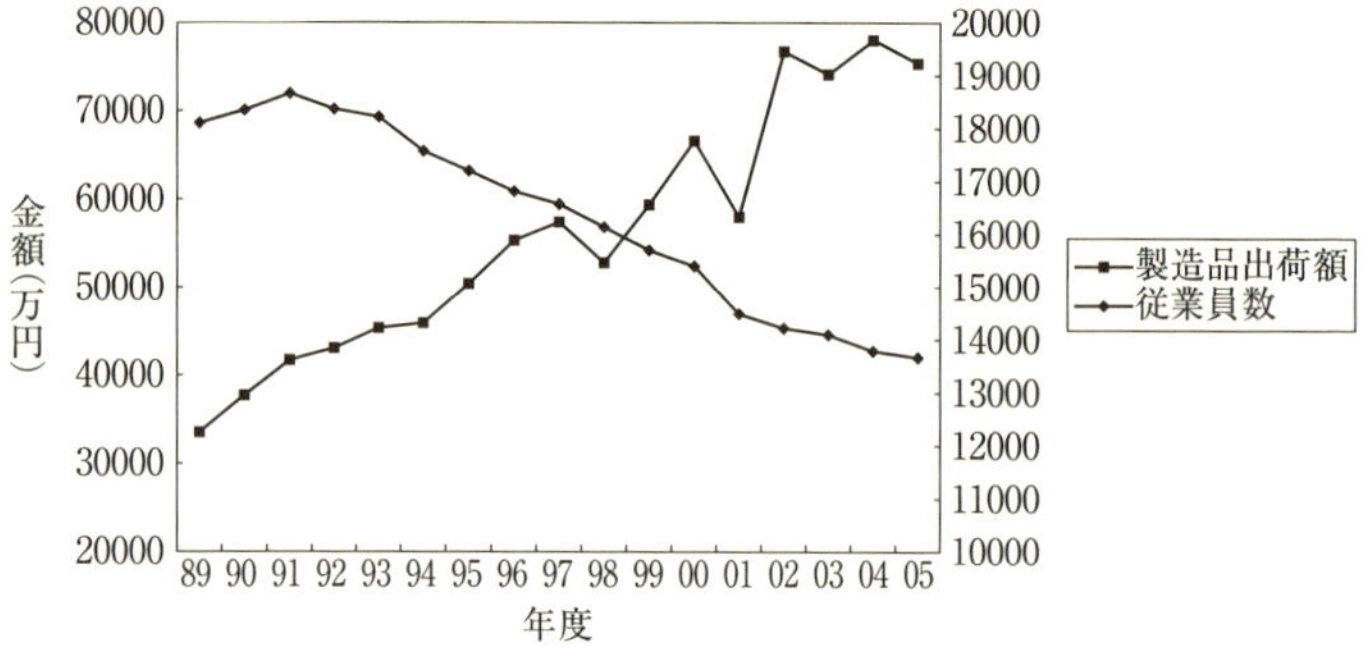

資料：米沢市

よってＩＴ関連の製品を中心に現在七〇〇〇億円を超え、東北地方第四位の工業都市にまで成長した。産業別に見ると、情報通信機械器具製造業が工業出荷額の大半を占め、一般機械器具製造業、電気機械器具製造業、電子部品・デバイス製造業を加えると約八割にまで達する。産業別就業人口比率では第二次産業（約四二％）に偏っているのが特徴である。

　しかし、驚くことに、従業員数はほぼ一貫して減少している。ちなみに、製品出荷額と従業員数の関係を回帰分析すると、決定係数がほぼ〇・九と十分な説明力を持つことがわかる。製品出荷額が増えるほど雇用が減少するという奇妙な関係がある。これは明らかに間違った結論であるが、従業員数の減少はこの間の事業所数の減少と関係が深い。事業所数と従業員数の関係は相関係数が〇・九九と恐ろしく高い。平均一五人程度の規模の企業が、この間ほぼ一貫して減少していることが雇用の減少

図3―2　商品販売額と従業員数の推移

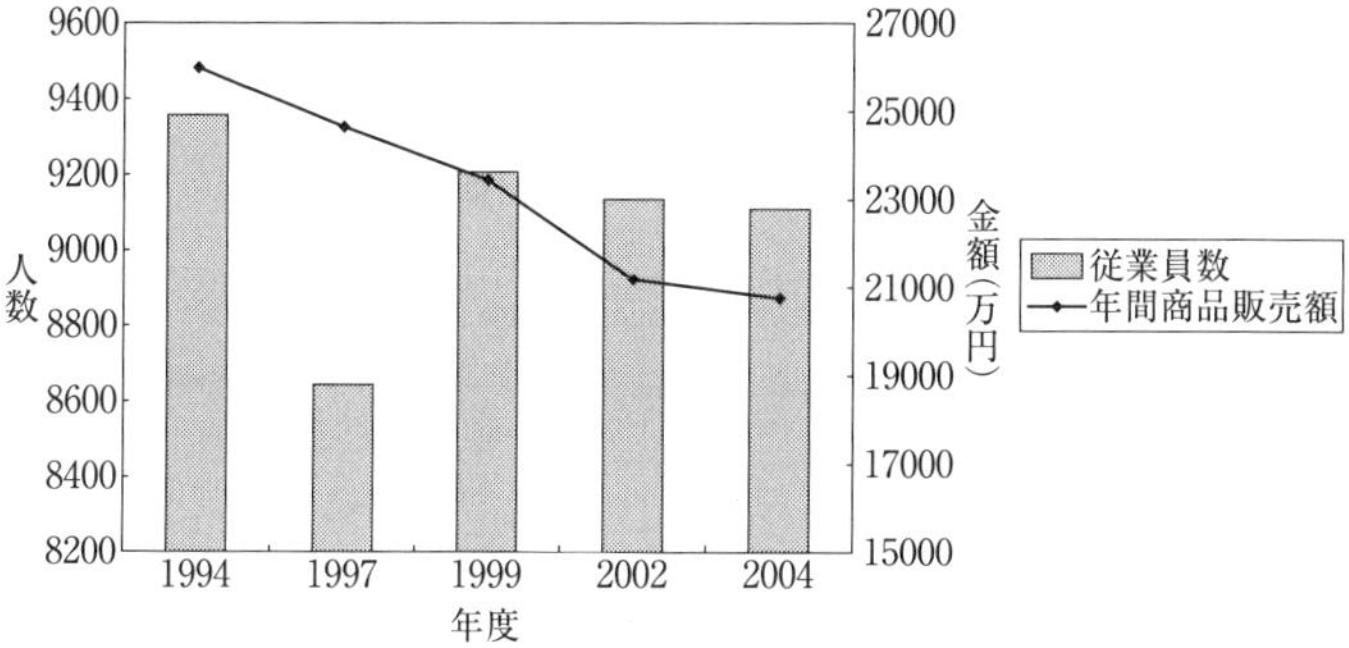

資料：米沢市

につながっている。このことは、回帰分析から容易に推定することができる。言いたいことは、大企業の誘致、しかも製造部門の誘致に成功しても、それらの生産規模の拡大が必ずしも雇用の増加にはつながっていないという現実である。

問題は工業部門だけにとどまらないことに注意しなければならない。図3―2は、一九九六年度からの年間商品販売額の推移である。やはり一貫して減少していることがわかる。これは、工業部門の雇用者数の減少と無関係であるはずがない。商品を購入する人の減少が、販売額の減少につながっている。販売額が減れば、商店数も減るはずである。先ほどと同様に、回帰分析を行うと決定係数が〇・八五とやはり非常に高い。この商店数と従業員数の関係も強い。データ数が非常に少ないのであまり強いことはいえないが、一九九七年度のデータを異常値として除外して回帰分析を行うと、決定係数が〇・

図3―3　米沢市の人口の推移

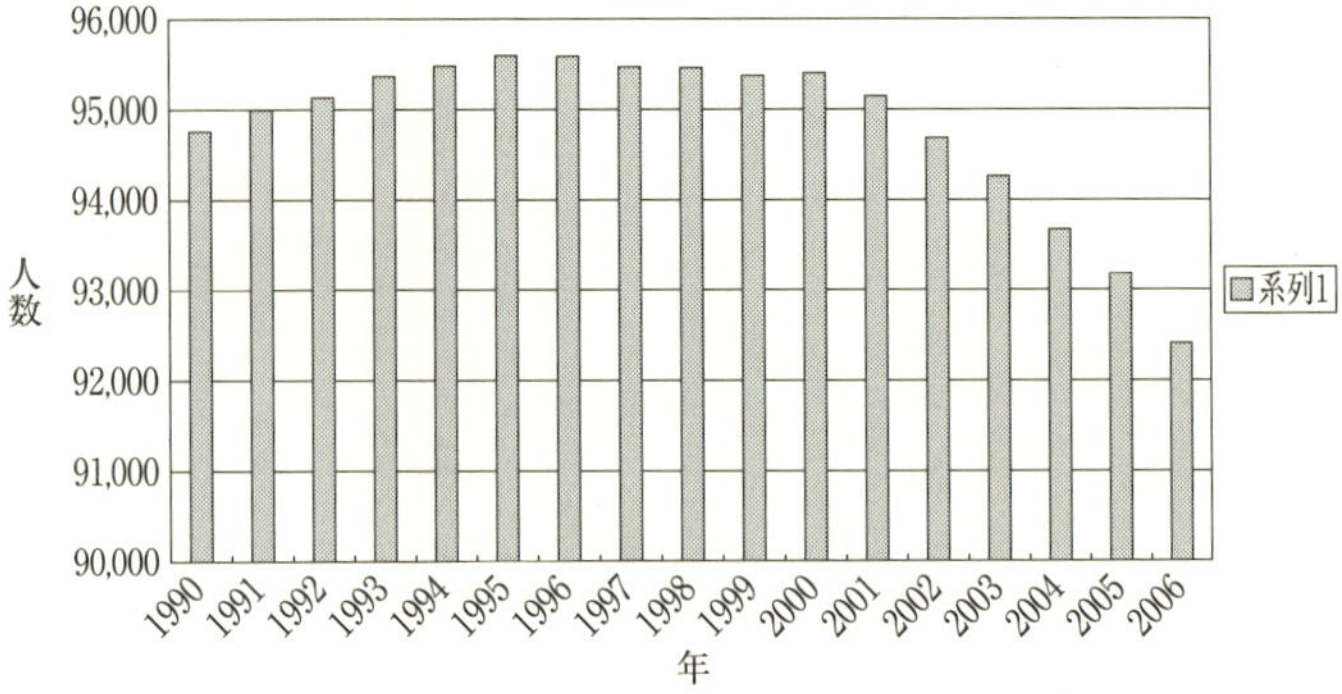

資料：米沢市

九八となる。従業員数一人の零細商店が毎年一貫して減少している様子がデータから推定できる。

結果として、何が起きるか。図3―3が現在の米沢市の課題を象徴しているように思える。ここ十年間、特に最近の人口の減少は明らかなトレンドと見てとれる。製造業の雇用の場がなくなる。人口が流出する。商品販売額が減る。それがまた、商店の消滅、人口の減少に拍車を掛けるという構図である。このような悪循環は地方の中小都市の至る所で起こっているように思う。生産性のさらなる向上は日本企業にとって至上命題であり、単純に生産額を増やしたからといって雇用を増やすことはできない。

しかし、工業製品の出荷以外にも「外貨」を稼ぐ方法はある。それが観光である。

2　米沢の「食」

観光と「食」とは切っても切れない。普段住み慣れた仕事をする場所から解放され、日常から非日常へと時間と空間の環境を変えることで、ストレスなしののんびりした解放感に浸るのが観光のもつ効用の一つであろう。このような癒しの体験づくりの道具として「食」は大変重要な役割を果たす。それでは、米沢の食にはどのようなモノがあるのか。

米沢の「食」といって、どなたに聞いても出てくるのが、米沢のＡＢＣである。Ａはアップル、Ｂはビーフ、Ｃはカープ（鯉）である。米沢市のサイトの観光案内でも、このＡＢＣが主役である。ラーメンもそばもその次にやっと出てくる。米沢の「食」のＡＢＣは、農協の取り組みが大きいのではないかということであるが、ラーメン店などは単一の事業主体としては規模が小さいので、米沢ラーメンのアピールのために資金を出し合って共同して何かやることはなかなか難しいのが現状である。資金力のある人たちの発言力・宣伝力が大きいのである。

しかし実は、山形県は総務庁の調査(4)によれば、ラーメン（中華そば）では断トツで第一位、うどん・そばでは高松が頭一つ抜けているが、後は横並びの第五位にある。市民レベルでは米沢牛でも鯉でもなく、そば・ラーメンをよく食べているのである。

このような行政の米沢の「食」についての取り組みについて、老舗のそば屋の店主であり米沢上杉ロータリークラブの会長である富沢吉瑋氏に話をうかがうことができた。米沢はこれまで述べてきたように歴史のある町であり、そばやラーメン、米沢牛など以外にも日本酒、菓子など多様な食文化を発達させており、「食」のレベルは高いのではないかということである。しかし反面、このように多岐にわたっているので、行政としては観光資源としてラーメンやそばのみを全面的に押し出せないのではないかという意見であった。

ここで、本章の主役である米沢ラーメンについて、少しだけふれておこう。新横浜にある有名な新横浜ラーメン博物館に、日本を代表するご当地ラーメンの説明がある。北は北海道の旭川ラーメンから南は九州の鹿児島ラーメンまで一九のご当地ラーメンが紹介されているが、米沢ラーメンもその中の一つである。近年テレビで放映されることも多くなり、知名度はだいぶ上がってきたと思うが、米沢ラーメンには次のような特徴があるとされる(5)。

麺：水分をたっぷり含んだ細麺を二～三日寝かせてさらに手でもむために、麺がちぢれる。

この縮れ麺が一番の特徴である。

スープ：あっさりした味。鶏ガラ、煮干しの醤油味が基本である。スープはあっさりしているが、縮れ麺のおかげでスープとのからみが良い。最近では豚骨、鰹などスープの素材は多様化している。

この縮れ麺の誕生には次のようなちょっとしたエピソードが語られている。大正時代に中国人により米沢に伝わったラーメンは、もともとは横浜の中華街に生まれ各地に広まったものである。この日本人向けにアレンジされた支那そばは、米沢の人びとにも徐々に普及していった。このような中で、築地の政養軒で修行した和洋中華なんでもこなす常松恒夫氏は、米沢で最初の日本人ラーメン職人となる。常松氏はよりおいしいラーメンの研究に励むことになるが、あるときしわくちゃにしてしまった奥さんの布地の触感の良さにヒントを得て、ラーメンを手で

図３—４　麺の形状比較

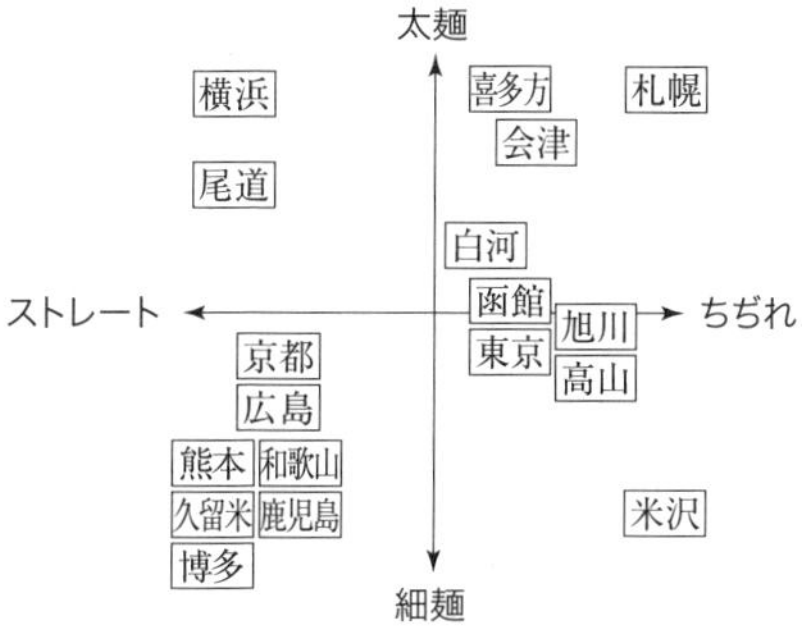

資料：米沢伍麺会

図３—５　スープの味と清濁比較

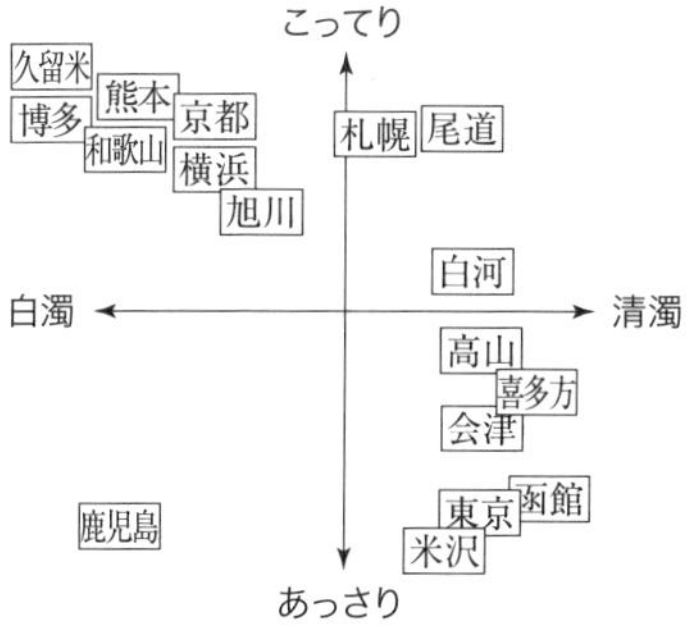

資料：米沢伍麺会

写真3―2　米沢ラーメン店（観光客の集まる上杉神社のすぐそば）

揉んでしわくちゃにしてみたという。この「手もみ縮れ麺」が非常においしいかったことから、一九三四（昭和九）年ごろから爆発的に米沢のラーメン店に広がっていったようである。

先にも述べたように、米沢の人びとはそば・ラーメンをよく食べる。町の中心である上杉神社を中心に、米沢駅周辺を含むおおよそ半径二キロ圏内に一五〇軒を超えるラーメン店が存在しているというが、確かにそば屋とラーメン店は目につく。ちなみに、そば屋の多くがメニューにラーメン（中華そば）を載せているのも米沢の特徴だろう。もう一つの特徴である、煮干と鶏がらを基本にしたあっさりスープは、多くのおそば屋さんがメニューにラーメンを載せていることにも由来するという。それに、そばもラーメンも日常的によく食べるのであれば、こてこてした味では飽きてしまうのかもしれない。

もちろん、米沢ラーメンは多様である。味噌ラーメンもあれば、米沢牛でスープを作り、牛丼ならぬ米沢牛のせの米沢牛ラーメンもある。実際に山形大学の前のある有名店に行って、野菜イタメ中華そば（＝ラーメン）を食べてみると、昔のなつかしい支那そばの味がした。ちょうどお昼時だったこともあるが小さな店内は満員で、ラーメン好きの文化を味わうことができた。

よく言われることだが、地元の人びとから長いこと愛され続けている食べ物にまずいものはない。地元の人から愛されると、お店が増える。お店が増えると競争が激しくなって、商品の価値、つまり味や価格のバランスを考えた全体的な水準が上がる。商品価値が高まれば、ますます多くのファンが生まれる。このような好循環が長期間続いていれば、間違いなく良い感じになるはずである。

写真３―３　蔵づくりのそば屋（古い町らしく蔵がまだ残っている）

比較のために、米沢牛のお店にも二軒ほど行ってみた。精肉店と同じ建物でやっているのも専門店らしくないので、米沢観光物産協会のマップを片手に何軒か見て回って、雰囲気の良さそうな店を選んで入ってみた。観光ガイドの熱の入れようからするとこれはやや意外であったが、どちらもお客さんの数

が非常に少ない。がらがらであった。これには次のような理由が考えられよう。

第一に、観光客は上杉神社に訪れることがあっても宿泊は郊外にとる。従って、夕食の米沢牛は観光客の対象にならない。出張のサラリーマンにとって、米沢牛のステーキは価格が高すぎる。同じような理由であるが、第二に、ステーキはかなり高価であるから、地元の人びとが米沢牛を夕食であってもレストランで食べることは少ない。第三に、これは重要であるが、精肉業者は米沢牛をおみやげ用にあるいは家庭用に肉として販売することが中心で、ステーキとして提供することにはあまり熱心でない。第四に、これは次節とも関係が深いが、観光客の質が変わってきていることにレストラン側が対応できていない可能性が高い。

米沢牛にも歴史がある。創業一八九四（明治二七）年の老舗もある。まだ日本では牛肉を食べる文化が普及していない時代に、外国人をターゲットに最も早く良質の牛肉を生産した先進地域なのである。しかし、良質の牛肉を提供することと、観光客を含む顧客に食べてもらうことには相当の開きがあるのではないかと思う。

ステーキという料理も高度成長時代には庶民的ではなかった。もちろん今でも高級なお店でステーキを食べようと思ったら、かなりの覚悟が必要だろう。しかし、主要都市なら高級なステーキ店はいくらでもある。雰囲気、味、価格など総合的に判断して顧客は購買行動をとるのである。わざわざ米沢まできてステーキを食べる必然性はない。一度もステーキを食べたことのない消費者は日本ではどんどん少なくなってきているはずである。洗練され成熟した消費者にはそれなりの対応が求められている。

3　観光の質が変わってきている

商工観光課の佐藤恵一氏も米沢観光物産協会の青木一成氏も、先ほど登場した富沢氏も、異口同音に観光客の質が変わってきたという話をしてくれた。これまでは、団体客が中心であったが、だんだんそのような人たちが少なくなり、個人客が増えたということである。職場の旅行で団体行動を強いられ大型バスで観光地を巡り、夜は夜で宴会でどんちゃか騒ぎをするようなタイプが減ってきたというのである。そうではなく、自家用車、もしくは電車・航空機とタクシーを使って自由に移動し、単純な物見遊山ではなくて体験・参加・学習を望むアクティブな人たちが増えてきている。もちろん、一人ということもあろうが、典型的には数人のグループで旅行を楽しむそんなタイプが増えてきているということである。

図3―6は米沢駅にある置賜広域観光案内センターの利用者数の推移である。確実にそのような旅行を楽しむ人びとが増加してきていることが読み取れる。どんな利用者が多いのかしばらく観察していたが、やや年配のご夫婦といったパターンが多いように感じられた。近年は、

図3—6　置賜広域観光案内センターの利用状況

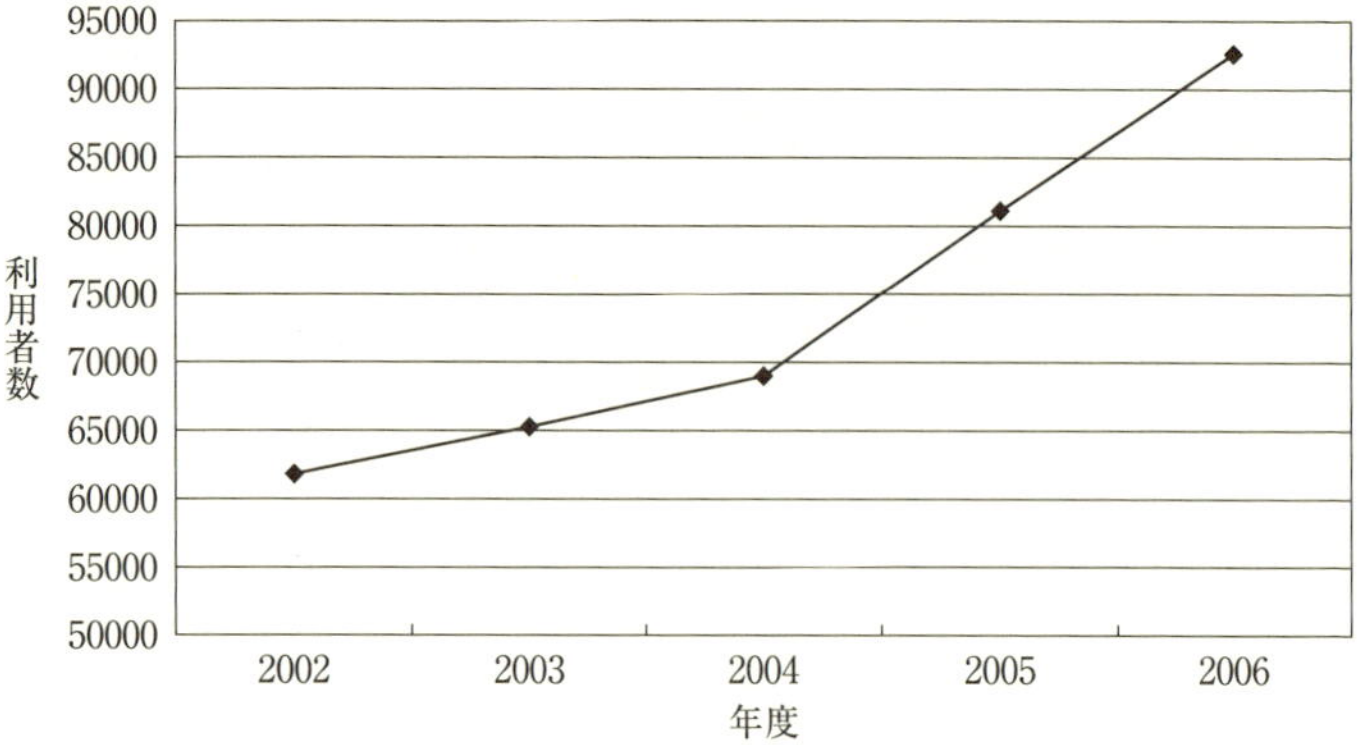

資料：米沢市

団塊の世代が定年を迎え、その人びとの消費のトレンドに関心が集まってきている。観光客も時代とともに変わっていくのである。ちなみに、最近では中国からの観光客の話が良く出るが、米沢市のサイト上では中国語を含め外国語の対応はできていない。

さて、それでは観光客数はどうなってきているのであろうか。雇用機会の喪失、商業の衰退、人口の減少の悪循環を断ち切る一つの希望の光が観光客の増加にあることを最初に述べた。しかし、米沢市を取り巻く現状は厳しいものがある。図3—7が一九八九年からの観光客数の推移である。多少のアップダウンはあるものの、明らかなダウントレンドが読みとれる。二〇〇三年度の四四六万人をピークに三〇〇万人を切るところまで減少してしまった。山形県内としてはおよそ七%を占めているが、先ほど述べたように、上杉神社を中心とした通過型観光の傾

図３—７　米沢市の観光客数の推移

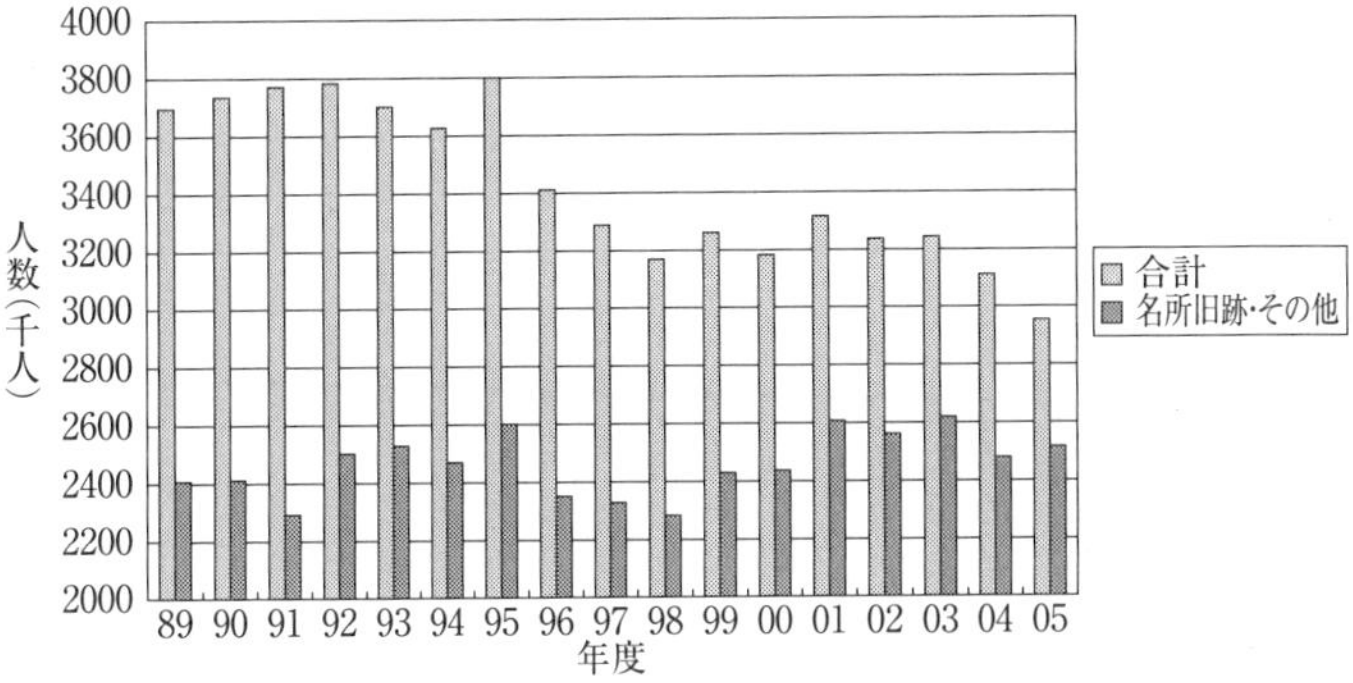

資料：米沢市

向が強く、経済的には観光の効果は大きいとはいえない。中心市街地も元気がなく、観光客が夕方からそぞろ歩きを楽しむような雰囲気ではない。

データをもう少し詳細に分析すると、上杉神社といった名所旧跡（上杉まつり、上杉雪灯籠まつりなどを含む）などの観光客数の減少は明確な傾向を断定することはできないが、温泉客、スキー場利用者数などが大幅に減少していることが全体合計の減少に響いていることがわかる。来年の大河ドラマは、米沢の城下町を作った上杉藩の家臣である直江兼続が主人公ということで、市は大きな期待を寄せている。しかし、ドラマの進行が必ずしも米沢市にスポットライトを当てるとは限らない。観光客の質の変化に対応した長期的な展望を持つことが必要な時期にきていると思われる。

4　ラーメンから見た地域経営

それでは、どのような観光振興のあり方を米沢市では考えているのであろうか。米沢市では二〇〇六年度に観光振興計画を策定し、二〇〇七年度から概ね五年間を「おしょうしな観光戦略プロジェクト」の前期重点プロジェクトの実施期間として位置づけている。(6) この観光振興計画は、少子高齢化、人口減少傾向、厳しい財政状況など、地方の中小都市共通の悩みの中で、「豊かさとやすらぎ、共に創りあげる、ときめきの米沢」を目指して作られた米沢市まちづくり総合計画に沿って考えられている点にも注意しなくてはならない。「共創」という言葉からも分かるように、市民とともに作り上げていく姿勢が明確に計画に現れているのである。

この総合計画は、「ひとづくり」「まちづくり」「ブランドづくり」を実現するために、①協働と交流のネットワークが広がるまちづくり、②創造性豊かで活力ある産業のまちづくり、③優れた人材と豊かな心を育む学びのまちづくり、④暮らしと自然が調和するまちづくり、⑤誰もが安心に暮らせるまちづくり、⑥美しく利便性の高い快適なまちづくりの六つを基本目標を置いている。

これに対応して、観光振興においても、市民を中心としたまちづくりの姿そのものを「観光」につなげようとしている。「成せばなる　成さねばならぬまちづくり」というキャッチフレーズはいかにも米沢らしいが、市民が中心となってまちに活気を取り戻し、それが観光客の感動につながるという考え方には共感する。

市民への伝統・文化の啓蒙、ボランティアガイドの育成といった活動を通じて郷土愛とおもてなしの心を育てるという人づくり。環境美化活動の推進、市街地空き店舗の活用といった豊かさを実感できる受け入れ体制を作るまちづくり。そして米沢ブランド化の推進といった個性づくりが三位一体となって「市民と観光客がともに豊かさを感じる」ことを目指しているのである。

このような計画が画餅になるかどうかは今後の努力次第と思うが、計画書を読んでいて少し気になるのは、米沢市の市民感情と他の都市から訪れる人びとの感覚の違いである。住民にとって住みやすいまちづくりにより、観光客への魅力度も同時に向上させるという考え方の最大の問題点は、観光客が訪問先としてわざわざ米沢市を選択する理由につながらない点である。観光客を増やしたかったら、観光客に何をアピールするかを考えることが必要である。地方都市に求められているアピールとは何か。それは米沢牛ステーキでも上杉神社でもないように思う。それは、大都会東京にないものでなくてはならない。それこそが探さなければならないものである。東京は日本最大の、そして世界でも屈指の観光都市である。観光客が東京に来なければならない理由は無数に存在する。ミシュランガイドもあれば東京ディズニーランドも、浅草寺や仲見世商店街、銀座、丸の内、六本木ヒルズ、新宿歌舞伎町などなど数え上げればきりがない。

しかし、新鮮な地元の人しか味わえない（大手量販店では扱っていない）食材、きれいな川、地元の人びとから愛され続けているB級グルメなど、地元の人が気がつかないだけで実は東京にないものなどいくらでも地方で見つけることができる。そば屋でだす昔ながらの中華ソバの味がする米沢ラーメンは少なくとも東京にはない。もっともっと自分たちの生活の中にある身近なものこそ、見直してほしい。その良さをどうしたらうまく伝えることができるのか、どうしたらそれを通じて地域の中と外の人たちが心の交流を実感できるのか、どうしたらまちづくりにつながっていくのか。そのような観点から地域を活性化するための地域経営戦略を考えてみてはいかがだろうか。

（1）米沢市出身で日本を代表する建築家、伊東忠太の作品。ちなみに、一橋大学の兼松講堂も彼の代表作でどちらも国の文化財。中では郷土料理を味わうことができる。

（2）この旧郡名は「おきたま」（あるいは「おいたま」）と読むが、この言葉を知っている人はそれほど多くないように思う。米沢市の観光案内にはこの地名がかなり多用されているが、こうした読みづらい、あまり馴染みのない名前は、観光地の名称としてはやや不利と思われる。

（3）伊達政宗も米沢城で生まれ二四歳までここで過ごしたという。現在のまちの原型は、上杉家二代藩主景勝の家臣の直江兼続によって築かれたとされている。

（4）二〇〇五〜〇七年平均の家計調査品目別データ（二人以上の世帯の一世帯当たり年間の支出金額）そば・うどん：高松市（一万二二〇六円）、宇都宮市（九〇四一円）、名古屋市（九〇一一円）、静岡市（八八〇八円）、山形市（八一五四円）中華そば：山形（一万四四八一円）、福島市（一万〇六二六円）、仙台市（一万〇二三五円）、宇都宮市（九六八四円）、新潟市（九〇二七円）。

（5）米沢市に事業所を持つ製麺業者五社でつくった米沢伍麺会が作成した『米沢ラーメンマップ　麺を楽しむ』より。

（6）「おしょうしな」というのは、米沢の方言で「ありがとう」の意味。

第Ⅱ部　地元で生まれた自慢料理

第四章　あんこう鍋／北茨城の漁業を背景に拡がる

小泉力夫

茨城の水戸から北にかけて冬の特別なご馳走がある。誰もが待ち望んでいる季節がまたやってきた。「あんこう鍋」の季節である。私も小さいころからこの季節になると、商店街の割烹にあんこうがつるされているのを、不思議な光景として見ていた記憶がある。もちろん、その頃は世にも奇妙なかっこうの魚（？）がなぜ吊るされているのかは分からずに、ただ不思議そうに眺めていたことを記憶する。まして、得体の知れないこの物体が、美味しい鍋になるなどということは想像すらできなかった。

そもそも、あんこう鍋はいつから食されるようになったのか。少なくとも筆者の子供の頃にはなかったと記憶している。果たしてあの吊るされていたあんこうは、どのようにして鍋になったのだろうか。私の祖母がたまに買ってきたあんこうは、とも酢といわれるもので、かすかな記憶では、白身の部分と皮の部分を酢味噌につけて食べた記憶がある。今では、店先であんこうが吊るされている光景は見られない。衛生上の問題なのかもしれない。ふと、あの不思議な光景が妙になつかしく思えてくる。

1　あんこう鍋の仕掛け人

水戸においてあんこうの店といえば、まず「山翠《さんすい》」さんだ。小さい頃からなじんだ名前である。地元では圧倒的に知名度が高い。まずはそこにいかねば始まらないと思い、改めて取材をさせていただいた。取材に行ったのは二月のとある日曜の夜である。水戸は二月の下旬になると偕楽園という日本三名園の一つで観梅が始まる。多くの観光客が観梅に訪れる。そしてあんこう鍋というのが一般的なスタイルになっている。その時期には取材どころではなくなるであろう。

まだ観梅が始まらないといえども、そこは旬の季節。二月といえばあんこうの一番美味しい季節と言われている。すでに店内には多くのお客が入っている。二階の席に案内された。まわりを見渡すと、実に様々な人があんこうを楽しんでいる。家族連れの席、若いカップル、三世代の家族、若いグループなど実に多種多様である。いかにあんこうが多種多様な人たちに愛されているかが一目で分かる。鍋をつついている人達は誰もがにこやかだ。話がはずんでいるようだ。「これがあんこうの肝だよね!」「これはあんこうのどこ?」「へえーッ、そうなんだ」なんて会話が聞こえてくる。そう、みんなを幸せにするのはあんこう鍋に限らない。鍋を囲むと、そもそも知らないうちに温かい心になるのだろう。

もちろん、あんこう鍋は予約してある。メニューを見る。まずはとも酢を頼むのが一般的だ。とも酢はそもそもなぜ「とも酢」とよばれるかというと、あんこうの肝、これをトモと呼んでいる。それに食酢と味噌を混ぜているからとも酢なのである。単なる酢味噌ではない。あんこうの肝であえていないと始まらない。そして素材はあんこうの七つ道具と言われている部分が茹で上げられて、上品に皿に並べられている。七つ道具とは①トモ（肝）、②鰭（ひれ）、③ヌノ（卵巣）、④柳肉（身肉・ホホ肉）、⑤水袋（胃）、⑥鰓（えら）、⑦かわ、を指す。

いうまでもないが、あんこうは独特の吊るし切りという方法で捌く。あんこうは身がブヨブヨ、しかもヌルヌルしていて、まさにつかみどころがないため、下あごに鈎《かぎ》を通して吊るす。極めて合理的な捌き方である。誰が考案したのかは不明である。形も変わっている上に捌き方も本当に変わっている。あんこうを吊るしたらただ切るだけではない、水を口から流しこむことで大事な内臓を傷つけないで取り出せるように切るのである。あんこうは身より内臓が大事な魚だ。ほかにこんな魚があるだろうか。

あんこううんちく

ところで、あんこうに欠かせない味噌には、それぞれの店のこだわりがある。当然、山翠でも味噌にはこだわりがある。炭火で焼いた地味噌にアンキモをあえている。いよいよ、あんこう鍋の支度が整った。店員の方から丁寧な説明がある。まず骨と皮を入れる。そして野菜といっしょに身を入れる。最後にあんきもを入れるのだ。野菜は全部入れてはいけない。最初は半分くらい入れるのがポイントだ。鍋の一つの楽しみが、このうんちくを聞くことだ。物事には順番がある。美味しくいただくにはそれなりの手順がある。いよいよ煮立ってきた。あっという間にあくが出てくる。それを手際よくとっていかねばならない。いよいよ食べごろになる。いきなり、あんきもからいく。口の中で広がっていく、あんこうワールド。恐るべしあんきもと言うべきであろう。

山翠のあんこう鍋は、ドブ汁らしさにこだわっている。あんこう鍋のルーツは、ドブ汁といわれている。その昔、漁師が船の上で食べたものである。そのために水を使わないで、あんこうと野菜の水分だけで味噌仕立てで作ったものが原点とされている。

同じ茨城のあんこう鍋といえども、各地で大きな違いがある。水戸近辺は醤油ベースの味が基本。水戸から北、特に海岸線沿いは味噌仕立てが普通である。ドブ汁は濃厚な味噌ベースの鍋である。一説によると「ドブ汁」の名は、水戸光圀公が命名したとも言われている。

あんきもから、次ぎに皮。あんこうの中でここが好きという人は多い。軟骨についた身をしゃぶる。うまい。あんこうから出たダシで野菜がさらにうまみを出している。豊かな世界が鍋の中に広がっていく。

ここでちょっと別なものを頼んでみたくなった。メニューを見るとあんこうせんべいとある。ビールのつまみに合いそうだと思って注文してみた。想像していたのは軽めのパリパリしたエビセンのようなものであったが、出てきたせんべいは、あんこうなのである。あのあんこうのもっているもっちり感がある存在感のあるせんべいである。せんべいというよりこれは別物と解釈したい。

メニューにやや聞き慣れないものが載っていた。あんこうの姿焼きと書いてある。一瞬目を疑ったが間違いなく姿焼きと書いてある。いろいろ頭の中で勝手に想像が始まっているが、一応聞いてみることにした。大きさによって値段が違うのはもっともだ。今日あるサイズのものを頼んでみた。ほどなく出てきた。まさに姿焼きだ。姿といってもあんこうはその半分は頭である。ちょっと見かわいい。魚の焼きもので、かわいいと思ったのは後にも先にも今回が初めてである。改めて姿焼きになったあんこうを見るとなんとも奇妙な生き物である。背骨の周りの肉をほおばる。弾力のある食感だ。そしてホホの部分に箸を入れる。ここはまさにゼラチンの世界である。うまい。あんこうを堪能させていただいた。

老舗のこだわり

忙しい店を仕切るのは女将の高野貴美子さんだ。話を聞いてみた。あんこうの季節以外にも県内の食材にこだわっているそうだ。、納豆や奥時久慈しゃもも有名である。その昔、将軍家に献上されたともいわれるあんこうが、いつのまにか見捨てられてしまったのを残念に思った先代が、東京方面に地道にPRをしてきたのが実を結んだそうだ。まさにあんこうの火付け役、元祖なのだ。さらに当店のこだわりを聞いてみた。あえてルーツのドブ汁そのものではなく、多くの人に楽しんでもらうために試行錯誤をしてきた結果、現在の焼味噌ベースのオリジナルの味にたどりついたようだ。開拓者としての苦労は推して知るべしだろう。

写真４―１　あんこうの碑のある店頭

　店を出ようとした瞬間、なんとあんこうの碑があるではないか。一瞬目を疑ったがまちがいなく「あんこうの碑」と書いてある。さすが「元祖　あんこう鍋」山翠である。あんこうに対する畏敬の念、感謝の気持ちがあるのであろう。とても身も心もあたたまる一日となった。老舗としてのこだわりが随所にみられた。さすが名店とうわさされる「山翠」である。

写真4—2　店を仕切る女将の「高野貴美子さん」

もともと、あんこうはそれを専門に獲る漁ではない。底引き網でたまたま入ったものであった。そのため昔は高価なものではなかったようである。

さて、改めて周りを見渡してみる。どこのテーブルも歓声があがっている。だれもが感激するらしい。人に感動・感激を与える。それこそB級グルメのなせる業であろう。誰もがふるさとの鍋を囲めばやさしい気持ち、温かい気持ちにならずにはいられない。その土地の匂いを感じるのが「ご当地鍋」ということになる。特に冬のこの時期にいただく鍋はなんといっても心が温まる。加えて鍋は囲むもの。一人で食べるものではない。もっとも最近はお一人様向けのものもあるようだが。

鍋は人を引き寄せる魔力がある。人を集めて人をつなぐ偉大なる存在である。同じ釜の飯を食うのではないが、同じ鍋を食べることで連帯感ができてしまうのだ。一人ひとりのお膳には味わえない満足感。一緒につつくこと、それが大事なのである。あんこう鍋を囲むときは肩書きも何もない。そして大事なことは、この季節を楽しみに待つということだ。今や様々なものの季節感がなくなっている。いつでもどこでも大抵のものが手に入るようになっている。それはそれでよいのかもしれないが、季節を待つ心の余裕をもってもよいのでないか。その土地でしか味わえないもの、だからこそ価値がある。その価値をみんなで共有する、そんな時代に振り子は戻り始めていると思う。

2 若きチャレンジャー

取材で訪問した二軒目は、那珂湊の春日ホテルというところである。歴史のある港街ゆえ、あんこうのこだわりは当然ある。もともと漁師の船の上の食べ物であるため、ここははずせないところである。春日ホテルは潮の香りが漂う那珂湊漁港の近くに位置する。訪れたのは二月中旬である。応対してくれたのは、まちづくりの関係で長年お付き合いをしていただいている若手後継者でもある支配人の橋本英明氏である。創業八〇年の老舗ホテルの四代目にあたる。学校を卒業後、東京のホテルで修業を重ね、一九九二年、家業に戻ってきた。まちづくりでは様々なアイデアを繰り出すなど地元の青年部層ではキーマンとなっている。

その橋本氏に聞いた。あんこう鍋は以前から出していた。だが、一九九八年、料理長が代

写真４―３　支配人の「橋本英明氏」

わったことをきっかけに、橋本氏と料理長がいっしょに研究を重ね、三種類のみそをブレンドして現在の味を完成させた。あんこうは地元の那珂湊港に揚がるものが主体である。那珂湊漁港には年間五トン弱のあんこうの水揚げがある。春日ホテルでは年間三トンのあんこうを捌く。当然地元の漁港だけではまかないきれない。三トンといえば、平均のあんこうが一〇キロとして三〇〇匹をシーズンに捌く計算になる。

そして、また水揚げの地域にもこだわっている。那珂湊港沖は、ちょうど親潮と黒潮がぶつかりあう海域である。それに加え、那珂川と久慈川という河川の中間にも位置し、その川から流れる真水と海水が交じりあう地点であることも、あんこうの味に影響を与えているようである。あんこうは東日本沿岸で広く捕れるが、茨城沖（これを常磐沖という）で獲れるあんこうが上物とされる理由がここにある。あんこうは五月に産卵を迎える。その産卵の準備に脂を蓄えるこの二月が一番美味しいシーズンである。産卵を終えたあんこうは見る影もない。

橋本氏によるとあんこうがひたちなか地域で食されるようになったのは三〇年前くらいとのこと。いろいろ試行錯誤を経た中で、現在の形が整ってきたようである。

チャレンジャーのこだわり

写真4―4　あんこうの吊るし切り

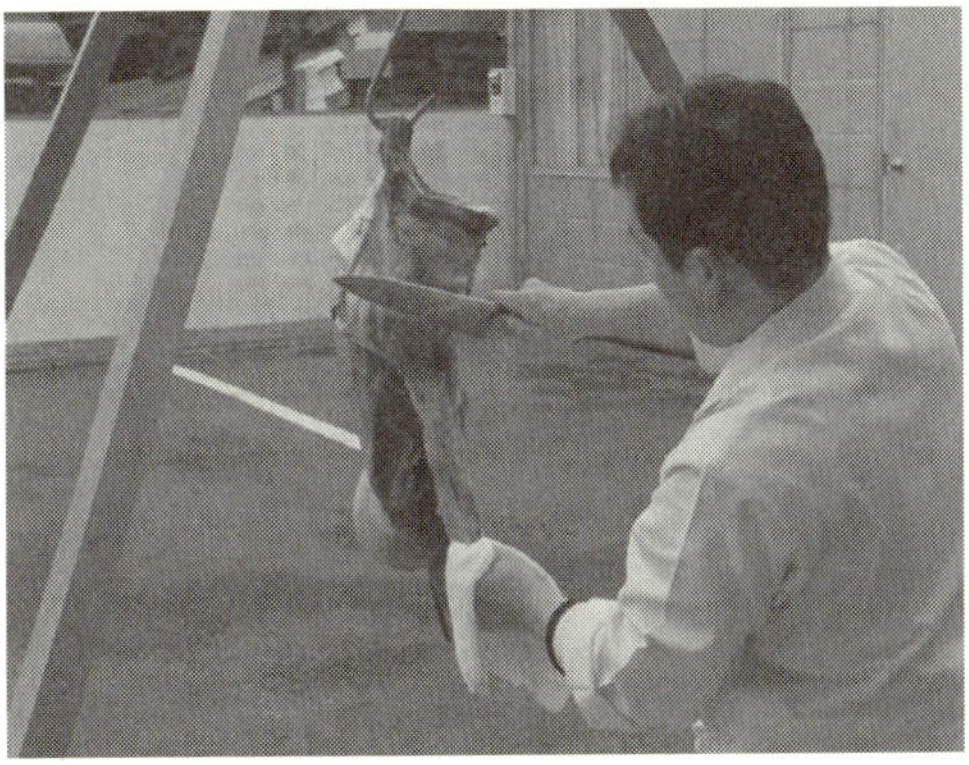

橋本氏に春日ホテルの「あんこう鍋」のこだわりを尋ねた。あんこうの醍醐味はなんといっても肝である。一匹のあんこうからとれる肝の量は五～八％である。あんこう鍋に入れる肝の量はおのずと限られる。もちろん肝をたくさん入れるほど美味しくなることは分かっている。そのために肝だけ別に買い付ける方法もある。ここで橋本氏のこだわりがある。やはり一匹のあんこうからとれる限られた条件の中で美味しく食べていただくには別の肝は入れたくない。そこで橋本氏は、最後まで鍋を食べつくしてトータルで最高の美味しさを提供することを考えた。それが「おじや」へのこだわりである。おじやにすることで鍋は完結する。

おじやも最高の美味しさで提供したい。試行錯誤の末に完成したのが、最後のおじやを美味しく食べていただく味付けのバランスであった。秘伝の合わせ味噌とあんこうの量、野菜の組み合わせ、すべてが最後のおじやまで食べつくしてもらうための綿密な計算、いやホスピタリティが横たわっているのであった。

ところで橋本氏はシニアソムリエのライセンスを持っている。日本ソムリエ協会の茨城地区長として活躍している。茨城県内ではフロンティアである。当然、あんこうに合うワインは何かと尋ねてみた。そこはさすがスラスラといってしまう。南フランス・ラングドック地方のドメーヌ・ド・マルチノルというワイナリーで造られるリムー・シャルドネというワインだそうだ。特徴は辛口白ワインで、あえて酸化熟成したナッツとシェリーの香りがするものがあんこう鍋の味噌との相性が良い。さらに、橋本氏にあんこう鍋の魅力を聞いてみた。一つの鍋でいろいろな味が味わえるところと、なんといってもあんこうは肝であり、肝がもたらす味が鍋全体に醸し出す風味を味わってほしいとのことであった。あんこうからいろいろなエキスが出て、味噌と混ざり合って醸しだす味のハーモニーは他にない魅力のようだ。

そこで当ホテルのこだわりを再度聞いてみた。お客様が手間をかけずにスタッフがおじやまでしっかり作りあげること。そのほかに県内の野菜にこだわりをもって、すべて鍋の具材は県内の野菜を使用している。さらに、港に近いだけに魚の旬には特別のこだわりをもっている。

そしてやはりワインである。常時一〇〇種類のワインを揃えている。ワインに関することなら何でも相談して欲しいとのこと。実に頼もしい若手のホープであった。

3　家族で守り、つないでいく味

取材三件目は久慈浜と言われているひたちなかの那珂湊の北の浜である。以前、仕事の関係でお世話になった際にいただいたあんこう鍋が衝撃だった。今まで食べたあんこう鍋のなかでも格別の味だったからである。訪ねたのは久慈浜の「東屋」という寿司と割烹の店である。地元ではかなり評判の高い店であり、常に客が途絶えることがない名店である。

一階は寿司のカウンターと座席、奥に小グループ用の個室と座敷。二階は宴会場となっている。創業約八〇年の老舗で、現在の若い後継者で四代目になる。現在三代目のご主人夫妻、後継者兄妹で店を切り盛りしている。家族二世代でやっているのがいい。見るからに呼吸が合っている。

それにしても一度以前に食べたときの感動が忘れられず、なぜこの美味しさが出せるのか一度聞いてみたかっただけに、今回の取材は大変楽しみであった。

さっそく鍋を用意していただいた。煮立つ間に、とも酢をいただいた。ここも味噌にこだわ

写真４―５　三代目根本光久さん・廣子さんご夫妻と後継者の四代目光広さん

りがある。ご家族のご関係で味噌を販売しているところがあり、そこの味噌を使っているという。なるほど信頼のおけるところのものを使っているのだから間違いはない。やはり顔の見えるところから安全で安心でき、かつ、こちらの要求をきちんと満たす品質をいつも同じように提供してもらえるパートナーがいることが、いつも同じ美味しさを提供するポイントでもあろう。

　とも酢をいただく。これも美味しい。特に肝が大変美味しい。口の中で濃厚な肝の味がふわっと広がっていく。聞けば肝には特にこだわりがある。美味しい肝を提供するには手間隙を惜しまないことが大切なようである。きちんとお湯でぬめりをとることが最大のカギで、ここで手間を惜しむとよい品質の肝にならない。とも酢用のあんきもは大きいあんこうのものを厳選して用いている。二品目にあんこうのから揚げを出していただいた。骨付きのものをしゃぶるようにいただく。このから揚げも格別である。当然身もしっかりとしまったものになっている。吉野のくず粉をつかっている。そのあたりもやはりこだわりである。
そしていよいよあんこう鍋が食べごろになってきた。あんこう鍋の良いところは鍋を待つ間に、とも酢やから揚げなどで、あんこうを楽しみながらメインを待てるところである。最初から最後まであんこうづくしなのである。

写真4—6　手間を惜しまない具沢山のあんこう鍋

早速いただく。うまい。三代目ご主人の根本光久さんにうかがう、どうしてこんなにうまいのかと。ご主人いわく、まず具材の下ごしらえをきちんとすることだそうだ。前述の肝はもちろん、中に入れる糸こんにゃくもしっかりと下炒めをしておく。さらに尋ねていく。あんこうはもともと漁師の船の上での料理であるため、中に入れる野菜も、漁師が船に持ち込めるものを想定して入れている。どうりで根菜が多い。めずらしいのはサトイモといもがらである。特にいもがらはこれだけをいただいてもすごく美味しい。ここの鍋は具材一つひとつどれも美味しい。それにそれぞれに意味をもっているのである。例えば、豆腐は普通の豆腐だが、ここは焼き豆腐を使用している。普通の豆腐より味が

しみるようだ。それに煮崩れしない。

さらに美味しさの秘密が明らかにされていく。こちらが「これって書いてもいいんですか?」と一つひとつ確認しなくてはいけないくらいであった、惜しげもなく語ってくれる。おそらく、そこには他ではマネのできないという自信があるのだろう。他ではそこまで手間をかけられないのだと思う。ちなみに鍋のタレは、とも酢をつくる際に出るゆで汁をとっておいてそれを使っている。

職人のこだわり

ここであることに気がついた。なんともやけにあんこうがたくさん入っているような気がしてならないからだ。もしかして取材のために特別にたくさん入れてくれたのですかと聞いてみた。答えは、「いやこれが普通ですよ」。私も過去に何度もいろいろなところであんこう鍋をいただいたが、これだけのあんこうが入っているところはなかった。ご主人いわく、「うちはあんこう鍋には三キロ程度のものを厳選して使っているんだよ」とのこと。その半分が三人前の鍋に入っている。どうりで多いし、いろいろな部位が入っている。ご主人は見るからに職人気質な感じだが、かといってとっつきにくいタイプではない。人あたりのよいタイプである。しかし、そこはプロの料理人である。こだわりがあるのだろう。あんこう鍋は完全予約制になっている。なぜなら前述のように、適したものが水揚げされないと出さないからである。間に合わせの仕事や中途半端な仕事はしたくないと語っていた。

ご主人にお客様からお呼びがかかった。入れ替わり奥様である根本廣子さんが応対してくれた。奥様にも同様に、どうしてこんなに美味しいのかを尋ねてみた。やはり「基本をしっかりとやることかね」という答えだった。基本をしっかりとは……言われてみればどんな仕事でも基本をしっかりやれるかどうかはとても大事なことである。簡単なようで実は難しいことでもある。少し慣れてくると、とかく奇をてらったりしがちになろう。「例えば」と問うと、「そうだね、生臭いものは絶対に出さないことかな。よく臭みをとるために何かを混ぜることがあるけど、うちはそれをしない。臭みをとるための基本をしっかり手間隙を惜しまずにやるだけよ」という答えであった。実に明快でかつ含蓄がある。

三人の子供さんもすべて食に関する職についている。それぞれ一人前になっているのは何か秘訣があるのですかと尋ねたところ「小さいころから美味しいものというか、本物を食べさせることかね」という。そうか小さいころの覚えた味覚は一生忘れないと聞いたことがある。さらに面白いことを話してくれた。息子さんがご主人と同じ味を出すのはやはり家族でやっているからだという。どうしても板前が代わると味が変わってしまう。家族なら同じ味をずっと保てることになる。

「ご主人はどんな方ですか」と聞くと、「仕事に追われるのが嫌いなタイプね」とのこと。追われると機嫌が悪くなるそうだ。自分のペースでやれているときは幸せそうに見えるそうである。ご主人を支える奥様がいて、またうまく回っているのだろう。

家族ゆえにムリのない商売ができるだという。確かに問題はムリから発生することが多い。ムリなものはムリなのだ。ご主人は、だめになったものは、たとえ使えるものでもあっさり捨ててしまうようである。ごまかして利用したりはしない。この点は決して妥協はしないようであった。

地域にあんこうを普及させるための会が発足したが、加盟していないという。理由を尋ねると、基準があいまいだとお客様に誤解を与えてしまう、自分の店はきちんとした基準で評価して欲しいから加盟しなかったと語っていた。迎合・妥協は一切しないのだ。安易な特産品開発事業がうまくいかない理由はまさにここにあるのかもしれない。

4 町をあげての「ＬＯＶＥあんこう」

今回は福島との県境に位置する北茨城市平潟町を訪れた。平潟港は、年間四六トン（平成一六年県水産試験場調べ）とあんこうの水揚げ量県内一で、約半分を占めている。この平潟の冬の風物詩がドブ汁である。本格的なドブ汁が食べたくて、港の目の前の民宿「しのはら別館」を訪れた。ここは昼でも予約なしにあんこう鍋が食べられる。平潟港は小さな漁港で、目の前の大きな岬が二つの割れた光景と、小さな漁船が浮かぶ風景がなんとも郷愁を漂わせている。漁港を前にするとホッとした気持ちになる。その目の前にある店であるため、いかにも新鮮なものが出てきそうな感じである。

写真4―7　あんこうの「ドブ汁」

昼前に入ったため、どうやら一番乗りのようである。団体用には別の座敷がある。テーブルについてメニューに目を通す。頼むものはあんこうのドブ汁と決めているが、つけあわせも頼みたい。やはりとも酢は欠かすことのできないアイテムであるため、とも酢とから揚げを頼んだ。とも酢は店によって個性があるので楽しみである。もちろん、から揚げも店によってかなり違う。そうしているうちに、一組二組と客が入ってくる。若い女性のグループ、次ぎに若いカップル、そして家族連れ。あっという間にテーブル席は満席になってしまった。昼前に入ってよかったと思った。

他の客もドブ汁をまず頼んでいる。そうなのだ。あんこう鍋といってもあんこう鍋とドブ汁は別のものなのである。ドブ汁は昔、漁師が船の上で食べたものである。あんこうと大根で水を使わず味噌仕立てで食べたもので、ここ平潟が発祥とも言われている。ドブ汁といえば茨城県人の間でも、ここ平潟という認識がある。おそらく他の客も事前に何かで情報を仕入れて、そのドブ汁を目当てにきたのだろう。

改めて店内を見てみると大きなポスターが張ってある。北茨城市のポスターだ。当市では市の魚としてあんこうを制定している。一方の壁には、市内の小学校であんこうの吊るし切りを行い、小学生にあんこう鍋を振舞ったという案内が出ていた。まさに町をあげて、あんこうをテーマにまちおこしをしているようだ。極めつけは市のマンホールはあんこうのマークになっている。筆者も実際に確かめてみたが、確かにあんこうの絵柄になっていたのには驚いた。

そうこうしているうちに、とも酢が出てきた。ここのとも酢は、七つ道具が別に分かれているのではなく、ゼラチンで固めてある。これも独特である。味噌は酢味噌でやや甘めだが濃厚な味噌である。これもあんきもが和えてあるためであろう。ここで見慣れないものを発見した。卵もいっしょにセラチンで固められている。一応、お店の人に確認してみたが、卵だそうだ。あんこうを、このとも酢で食べることを考えた人はすばらしい発想の持ち主だと思う。

次に、から揚げが運ばれてきた。から揚げも独特だ。小さめのあんこうの下半身が揚げられて、甘酢に浸してある。そのマッチングが素晴らしい。さっそくほおばってみる。驚いたが、骨まで食べられるほどしっかり揚げられている。尾ひれまでまったく残さずいただける。このあんこうの下半身が四本も、しかも白身の部分も一つ付いている。なんとも贅沢なから揚げであった。これも漁港がすぐ目の前だからこそなせる業だろう。これだけでも満足である。

そしていよいよドブ汁が煮立ってきた。黄色というよりオレンジ色に近い。味噌とあんきもがときあわされて、そこに大根である。上にねぎが添えられている。基本的に野菜は大根だけであった。あんこう鍋が、いろいろな野菜が入っているのに対して、すこぶるシンプルである。シンプルゆえに、あんこうがいっそう存在感を増している。ここでもあんこうがふんだんに使われている。濃厚なスープを口に運んでいく、あっという間にひろがる濃厚なスープの世界。胃袋に染み渡っていく。

こんな美味なものが、その昔は一説によると「ドブに捨てる程度のもの」からつけられた名称だとはとうてい信じられない。それにしても日本の食文化の豊かさを改めて感じる。一つの素材を様々な工夫をこらして食するのだから素晴らしい。日本は諸外国のモノマネばかりしているといわれているが、食に関しては極めて独創的である。一つの地域、一つの魚でもこれだけのバリエーションがある。しかも店によっての個性もかなりある。まったく豊かな食文化といえる。

ドブ汁であんこうを味わい尽くす

話をドブ汁に戻そう。皮の部分を口に運ぶ。見た目のグロテスクさからは想像もできないほどうまい。口の中でとろけるとはこのことである。ゼラチンがそのまま口に広がっていく。いっしょにヒゲの部分をしゃぶりながら食べていく。もちろん白身もうまいが、あんこうはいわゆる七つ道具と言われる部分が特徴である。中骨もしゃぶりつくす。あんこう鍋はまさにしゃぶりつくすのがよいのだ。そもそも漁師料理だから豪快にほおばるのが合っている。そして骨までしゃぶる。それがあんこう鍋の正しい食べ方なのである。あっというまに鍋の中の具が消えていく。具がなくなったからといってこれで終わりではない。ここからがお楽しみなのである。そう、「おじや」だ。お店の人がいったん汁だけになった鍋を厨房に持ち帰る。ほどなくして湯気をたてて、いかにもうまそうに姿を変えたおじやが運ばれてくる。ひとくち口に入れる。熱々である。体も心も温まる。そして鍋はあとかたもなくなった状態になるのである。まさに汁の一滴も残っていない。まさに鍋を食べつくした満足感が残るだけであろう。あんこう鍋バンザイと心の中で思わず叫ぶ。

あんこうによるまちおこし

店を後に帰り道沿い、大津港という県内でも有数の水揚げの漁港に立ち寄ってみた。
ここに、二〇〇七年五月にオープンした「北茨城市漁業歴史資料館」、通称「よーそろー」に入ってみた。ここで北茨城の漁業の歴史が一目で分かる。そこまではどこにでもある資料館であるが、驚きは二階の大半が「あんこうミュージアム」なのである。ここで、あんこうに関するあらゆる情報が分かりやすく展示してある。国内であんこうのミュージアムはおそらくここだけであろう。北茨城市のあんこうにかける意気込みが感じられる展示コーナーである。展示のみならずあんこうに関するイベントも盛んに行っている。

写真4―8　風情漂う「平潟漁港」

北茨城市では、あんこうを通年食してもらうよう、現在、「あんこうしゃぶしゃぶ」を普及させることにも力を入れている。確かに鍋は冬の風物詩であるため、限られた季節だ。水戸もひたちなかも、ここまでの力の入れようは見られない。
あんこう鍋は茨城の北部沿岸一体に広がる広域的なブランドになっている。その中でも水戸・ひたちなか・北茨城と微妙に違う魅力がある。水戸からひたちなかではやや上品な風合いであり、北にいくと漁師風の名残が感じられる。さらにお店ごとにこだわりがある。実に様々な工夫とこだわりをもっている。その個々のこだわりが広域的な全体のブランド化に寄与していることは間違いない。だから、それぞれにファンがいることになる。

5　本当の観光資源

今回の取材を通じて感じたこと。それはみんなこだわりを大事にしていることだ。魅力的な店には、こだわりがあり、こだわる人がいるのである。そのために手間隙を惜しまない職人の仕事がこだわりを支えている。最高の素材を最高の時期に、最高に美味しくいただくための手間を惜しまない。そして人と人の顔の見える関係を大事にしていること。人の顔が見えるからお互いが信じあえ、かつ安心できる。B級グルメの店は、その地元の土地の人間が、よそから来たお客をつい連れていきたくなる店。誰かにどうしても話したくなる店である。まさに御指名・御用達の店である。

ある方が言っていたことを思い出した。観光とはまさに「光を観る」ことであり、その光は、その土地の人が、その土地の衣食住を満喫する姿、それそのものであると。まさに今回の取材を通じてそのことを痛感した。各地域には様々な素材があり、様々な食文化があることと思う。それを伝えていくのも最終的には人である。昨今、国をあげて、いろいろな地域資源を活用しようという動きが活発になってきたが、一番の地域の資源は人であることに変わりはない。その地域の衣食住を満喫している人が、どれだけいるかが大切なことだと思う。

そして広域的な連携も重要であろう。まさにあんこう鍋の中身のように、お互いが個性を大事にすることで最高の味になる。最後のおじやまで平らげることで完結するトータルな魅力の創出と持続が重要である。それぞれが個性を単に主張して、足の引っ張り合いになってはすべて台無しになる。意外に地方ではこれが多いのではないか。あんこう鍋に関しては、水戸から北茨城にかけて、絶妙に個性を尊重しあっているからこそ魅力がある。

全国には多様な食文化が拡がっている。それぞれ歴史的背景があり、自然環境の条件があってその食文化が生まれたのだろう。その土地で、その土地の匂いを感じ、その土地の人の息遣いを感じながら味わうのがもっとも美味しく、かつ贅沢な味わい方かもしれない。規格大量生産型システムからの脱却が必要とされてきている中で、食を通じてその逆をいくことも一つの方策ではないか。これもある方からうかがったことだが、大量消費の逆をいく、要は、多品種、少量、不定期、異形、低頻度の良さを見直すことも重要かもしれない。なぜなら、そのほうがみんなが幸せになるからだ。みんなが幸せになるから継続できる。

そしてやはり本物を追求し、提供し続けていくことが大切ではないかと思う。本物とは、つまりそれぞれの個の花を咲かせることに他ならない。作り手が幸せであり、買い手（お客）が幸せであり、その価値観を共有することが共感につながり、その共感が地域の活性化につながっていくのだと思う。地域の食文化から地域を見直してみると、今まで見えてこなかったことが見えてくるかもしれない。

第五章　明石玉子焼き／地域ブランドの兄貴分の課題

西村裕子

全国に名を轟かせる地方の名産品・B級グルメの数々。これらは皆、先人たちのただならぬ努力が重なって現在の全国的知名度を獲得している。

日本全国、多くの人の知るところである「明石焼き」。具体的にどんなものかは分からなくとも、名前だけは耳にしたことがある方も多いのではないだろうか。この章では、明石焼き、正式には「玉子焼き」がどのようにして全国的知名度を得る地域ブランドとなっていったのか、そのストーリーを追ってゆく。途中に適宜分析を加え、最後に今後の課題を検討していく。

この章の特筆すべきポイントは、すでに、玉子焼きが二〇年前に一度、ブレイクしており、本書で扱っている事例の中では一歩先を行っている存在であるという点である。つまり、二〇年前の努力からブームが去った後の変化まで、現在「食」でまちおこしを考える方々の目指すところを一通り経験しているということになる。この明石の玉子焼きから学ぶことは多そうである。

1　玉子焼きの誕生

「明石は生みの母であり大阪が育ての父である」

「子午線のまち」として、誰もが一度は名前を耳にしたことがある兵庫県明石市。明石市は日本標準子午線・東経一三五度上に位置し、また神戸市の西約二〇キロにある人口二九万人の中規模都市である。神戸から二〇キロといえども、JR山陽本線の新快速に乗るとわずか一五分。神戸、大阪のベッドタウンとしての機能も果たしている。

明石焼き、正式名称「玉子焼き」はこの街で生まれた。明石市以外では「明石焼き」の名で通っているが、明石市内では「玉子焼き」と呼ばれている。明石市内で「明石焼」といえば明石に古くから伝わる焼物を指すので注意が必要だ。

玉子焼きとは、端的にいうならば「たこ焼きに似た食べ物」である。正確にはたこ焼きのルーツとなった食べ物で、そのルーツは古く江戸末期・明治時代にまで遡ることができる。直接的には、明治時代に「明石玉」という擬珊瑚玉作りに利用したくぼみのある金属板に、小麦粉を水と少量の卵で溶いたものを流し入れて焼いたのが始まりのようである(1)。

たこ焼きの発祥は昭和初期、大阪で肉やコンニャクを入れてたこ焼きのようなものを作っていた屋台引きが、ある日お客に「明石はタコ入れとるで」と言われ、タコを入れて焼いたのが始まりとされている。このことから明石の玉子焼きと大阪のたこ焼きの関係については、よく「明石は生みの母であり、大阪が育ての父である」と表現されている。

玉子焼きの原料は小麦粉、じん粉（小麦でんぷん）、卵、タコ。店によりダシ汁を加えることもある。作り方は、素人目にはたこ焼きとほぼ同様だが、焼型に「銅鍋」とよばれる銅製のくぼみのある型を使っているところが特徴的である。銅鍋は熱伝導率が高く、焼き加減が均一になり、玉子焼きをふわふわに焼き上げるために重要な役割を果たしているという。ちなみにたこ焼きは鉄鋳物の型を使っている。

たこ焼き、お好み焼きなど、小麦粉をといた「コナモン」の原価が低いということは有名な事実だが、玉子焼きもまたそうである。玉子焼きはかつて卵の値段が高かった時代に、少量の卵で卵焼きのような味を楽しみたいと思い考え出された食べ物とも言われており、実際、戦前の玉子焼きは現在のものより卵の配分量が少なく、今ほどふわふわではなかったという。

少量の粉類に少量の卵、そして最近までは明石で非常に安価な食材であったタコを加え、玉子焼きは作られる。さらに玉子焼きは粉類と水ないしはダシ汁をといたタネに、焼くたびに一回一回卵を溶いて入れるため廃棄物が非常に出にくい。玉子焼きは、食料が高く、貴重だった時代に「安くて、おいしいものを食べたい」という庶民の願いと努力の賜物だったのである。

その想いは時代を超え、飽食といわれる時代においても、玉子焼きは明石を中心に全国で食べ続けられている。

2 玉子焼きという「地域ブランド」形成

取材当日、明石で明石焼きを食べるのは初めてと意気込んで明石へと向かった。明石駅から南へ歩いて五分、海岸沿いに出ると、淡路島、そして明石海峡大橋が見える。すぐそばにはタコのイラストが際立つ「たこフェリー乗り場」、明石と淡路島を結ぶ定期船乗り場があった。淡路島と明石を隔てる明石海峡は古くからの交通の要衝であり、有数の漁場でもあった。また明石駅北側には明石城がそびえ立っている。城下町は宮本武蔵によって設計されたという、歴史のあるまちでもある。

今回の取材のアレンジは、明石市産業振興部観光振興課の合田和央氏と秋末稔氏に行っていただいた。「明石焼きのブランド形成について調べたい」という当方の要望に対して、明石市中心部にあるお好み焼き・玉子焼き屋「お好み焼き道場」と、銅鍋を製作している「㈲安福鈑金製作所」を紹介してくださった。ともに玉子焼きが全国的知名度を獲得するにあたり、多大な貢献をした方々であるという。

「玉子焼き」を支えて五〇年

明石駅南口の駅前広場でお二方と待ち合わせをし、さっそく一件目の取材先「お好み焼き道場」へ向かった。なんと待ち合わせ場所からすでに看板が見えている。駅徒歩一分、好立地だ。㈲樽屋高雄商店は従業員約七〇人、お好み焼き・玉子焼きを提供する飲食店「お好み焼き道場」を二店舗、居酒屋「道場」を二店舗、明石市民病院の外来食堂、さらに、穴子焼き等のタレの卸「醤油部」を持つ、明石市内の有力企業である。戦前に明石市内中心部で現在の醤油部にあたる業務を行っていたところから始まり、戦中に一時業務停止したものの、戦後になって再開、一九五〇年代に飲食店の経営に乗り出した。お好み焼き道場もその頃オープンした。その後、業務拡大を図り、市外にすし屋出店なども行い、店舗数二〇店、従業員一五〇人を抱えた時期もあったが、経営戦略を変更し現在の形に落ち着いている。

お話をうかがったのは高雄昇三氏（一九四〇年生まれ）、現在の社長である三代目のおじにあたる。お好み焼き道場がオープンした頃、玉子焼き屋は現在老舗として有名な「きむらや」「ウタ」等数軒だけで、主に屋台で売られていたという。それから時代とともに屋台が減り、玉子焼きはお好み焼き道場以外でもお好み焼き屋のメニューの一つとして並ぶようになった。そして一九八〇年代には「ちょっと店に立ち寄って食べる」軽食として定着し、お好み焼き道

写真５―１　店内で玉子焼きを焼く高雄洋次郎氏

場は玉子焼きを食べに来る地元の学生で連日にぎわっていたという。

だが一九八〇年代後半から大きな変化が起こる。マスコミの取材が増え、観光客が押し寄せるようになった。とりわけ「はなまるマーケット」の取材は印象的で、ターニングポイントだったと感じているという。

この頃、高雄氏は当時の市役所担当職員とともに、玉子焼きで明石を盛り上げようと試行錯誤を重ねていた。その一つに、玉子焼き横丁計画があった。この計画は実現しなかったが、市街地にある魚の棚《うおんたな》商店街周辺に玉子焼き店を集積させようという計画だった。広島市の「お好み村」のイメージで、実際広島にも視察に行った。他にも、まわりの玉子焼き店が消極的な中、玉子焼きのPRのために東京にも行った。

その後は明石海峡大橋の開通もあり観光客が増加、昔からの地元客が多いお好み焼き道場でもお客の半分は観光客が占めるようになっていく。平日の昼夜は地元のサラリーマンが多く来店してにぎわい、週末には観光客が多く来店している。玉子焼きの食べ歩きをする観光客も多く、その場合は数人で一皿の注文となるため客単価が相当低いようだ。それに対しては「回転率が上がっているので問題ない」という指摘もあり、いずれにしろ地元の固定客以外の客層をつかみ売上を伸ばすことに成功している。

ランチタイムの店内を見学させていただくと、サラリーマン、地元の女性たちで小さな店がいっぱいににぎわっていた。お好み焼き道場では玉子焼き以外にお好み焼きや焼きそばを提供しているが、やはり一番人気は玉子焼きであった。パートの女性たちに交じって高雄氏の息子、取締役である高雄洋次郎氏が慣れた手つきで玉子焼きを焼いていく。できあがった玉子焼きはアツアツで、常温のダシに浸して食べるとちょうど良い温度となり、食感はふんわり、とろとろ。そしてタコのコリコリ感とうまみ。一皿一〇個をあっという間に食べきってしまった。

玉子焼きのすべてを担う板金屋

お好み焼き道場を後にして、次は㈲安福鈑金工作所へと向かった。安福鈑金は明石で唯一、玉子焼きを焼き上げる「銅鍋」を製作している。出迎えてくださったのは店主の安福保弘氏（一九四一年生まれ）、工場かと思いきや玉子焼きに関わる道具一式を取り揃え販売する卸売業、小売業もやっており、工場兼店内には玉子焼きの道具一式が所狭しと並んでいた。現在では

写真５―２　玉子焼き道具一式が並ぶ安福鈑金

「ヤスフク明石焼工房」と名乗っている。

安福氏は安福鈑金の三代目。安福氏の祖父である初代が銅を中心とした鈑金業を開業、かまぼこ型など小物鈑金物を製作していた。初代はある日飲食業を営む近隣の友人に玉子焼きの焼型製作を依頼され、ともに考え出した。これが現在の銅鍋の起こりである。初代は玉子焼きの発展を支えた重要人物であり、このことから玉子焼きの銅鍋を安福鈑金がずっと製作してきた。しかし、安福鈑金としては銅鍋の製作はあくまでも補助的な業務であり、完全注文生産の形をとっていた。銅鍋は店にもよるが開店時に五枚から十枚程度購入する店主が多く、早くて二年、長ければ十年以上買い換えなくても大丈夫だという。銅鍋の価格はモノによるが一枚数万円程度。銅鍋の注文だけでは食べていけなかった。また、銅鍋製作はさほど時間のかかる業務ではないので注文生産で問題はなかった。

しかしこの二〇年で玉子焼きがブームとなり、明石市内、市外ともに玉子焼き屋の新規出店が増えたこと、また安福氏自身が年を重ね収入にこだわる必要がなくなったこと、体力的な問題などから近年は鈑金業から玉子焼き関連用具一式の卸・小売業にシフトしている。焼き上がった玉子焼きを置く板の設計・販売や、材料のコナ類の調合販売も行っている。明石市内の得意先だけでなく、日本全国から安福氏のもとを訪れる人が絶えない。まさに「安福に行けばなんでも揃う」玉子焼き界を支える重鎮である。

安福氏もまた、二〇年前に玉子焼きを盛り上げていった一人である。安福氏と夫人は玉子焼きPRのためコミュニティセンターをはじめとした各所で、玉子焼きの焼き方講座を開催してきた。またマスコミの取材にも積極的に応じている。これまでに数百回はマスコミの取材を受けた。店内には安福氏のもとを訪れた有名人の色紙や写真が数多く飾ってあった。

安福鈑金では、現在でも昔ながらの「手打ち」による鈑金加工を行っている。手打ちによる生産なので各店の要望に合わせて一つひとつ違った銅鍋を製作している。しかし、後継者がいないという大きな問題を抱えており、このままでは手打ち銅鍋が途絶えてしまうという思いから、安福氏は日々銅鍋の作りだめをしていた。その枚数は計り知れず、「職人やから、気が向いたときしか作らん」と笑いながら語る安福氏の心中は、複雑なところであろう。なお銅鍋は現在安福鈑金以外に、東大阪の荒木金属製作所が製造販売している。機械打ちの銅鍋なので安福氏の手打ち銅鍋とは焼き上がりに差が出るというが、価格面での差も大きい。荒木金属製作所の銅鍋は大阪・千日前の道具屋筋で購入が可能であり、近年は明石市内の新規開業者でも銅鍋、その他道具一式を道具屋筋で購入している場合が少なくない。

キーマンは市役所にあり

お好み焼き道場で高雄氏、安福鈑金で安福氏にお話をうかがい、大きな疑問が残った。高雄氏も安福氏もともに「玉子焼きが有名になる過程ではマスコミの力が大きかった」「二〇年前から取材が増えた」と語っていたのが、なぜ二〇年前、マスコミの取材が急に入るようになったのか。そこで後日改めて、当時の明石市役所担当者にお話をうかがいに行った。

お話をおうかがいしたのは榎本伸行氏（一九四九年生まれ）、淡路島出身、一九八一年から一〇年間、明石市役所企画部広報広聴課、産業振興部観光課に所属していた。なお現職は下水道部部長である。榎本氏は久々に玉子焼きの話をするということで、当時の色々な資料を揃えて待っておられた。

淡路島出身の榎本氏は、海向かいの明石に渡ってきて「玉子焼き」に驚いたという。卵一〇〇％の「卵焼き」ではなく、明石独特の「玉子焼き」。榎本氏はすぐにその味のとりこになった。転機は一九八〇年代中頃、明石市の中堅職員研修で「明石ミニ大学」というチームで明石の物産等について自由研究するという企画があった。ここで榎本氏のチームは、これまで明石で注目されることはなかった「玉子焼き」をテーマとして取り上げた。当時、たこ焼きの知名度が全国的になってきており、ライバル意識があったという。榎本氏含め四人は、玉子焼きのルーツにまつわる聞き取り調査・文献調査や玉子焼きを提供する店舗の食べ歩きを行い、報告書としてまとめあげた。だが、榎本氏はこれで終わらなかった。玉子焼きを明石市の名物として有名にし、明石海峡大橋の開通が決まり人の流れの変化が予想される明石市の発展に一役買ってもらおうと決め、玉子焼きにのめりこんでいったのであった。

写真5―3　1980年代、老舗「きむらや」での一枚。左端が榎本氏

写真提供：榎本伸行氏

榎本氏は当時広報広聴課所属。市に関するあらゆる情報をプレスすることが重要な仕事の一つであったことから、玉子焼きに関してマスコミに積極的にリリースしていった。そして、マスコミの取材に対して取材先のアレンジを全て行うなど、積極的な取材協力を重ねていった。その結果、とりわけ「最短日帰りでできる取材先」として関西圏のマスコミ関係者に知られた存在となり、取材依頼がどんどん増えていった。

最盛期にはテレビだけで月五件もの取材があったというから驚きである。休日返上して取材対応、独自調

査を重ねていった。インターネットのない時代、テレビや新聞の取材による効果は今以上に大きく、観光客が一気に増えていった。高雄氏や安福氏が語っていた「マスコミ取材の増加」には、榎本氏の必死の努力が隠されていたのである。

「ストーリー性」をつくる

榎本氏はマスコミの取材に対してさらに、「ミステリアスな感じにしたかった」のだと言う。ただ取材してもらうだけでは玉子焼きの魅力は伝わらない。そう考えて玉子焼きにまつわる様々な歴史や伝説を整理し、ストーリー性を持つように組み立て直していった。同時に玉子焼きに関する歴史を、たこ焼きを研究していた京都の大学院生と協力し、地元の方々を巻き込んで深く調べていった。そんなある日、地元のおじいさんに「最近テレビで流れている玉子焼きの云われの話は間違っている。本当の話はこっちだ」といってレポートを持ってこられたことがあり、そのときはさすがに焦ったという。

いまとなっては「ストーリー性」という言葉がまちおこしや商品開発のキーワードとして注目されているが、当時そのようなことはなかったのではないか。そのような中で榎本氏は玉子焼きの歴史や伝説＝ストーリーに注目し、そのストーリーを「ストーリー性」を帯びるものに加工していったのである。

また、「明石焼き」か、はたまた「玉子焼き」か。その名称については明石市内で論争となっているところである。現在、明石市内では昔ながらの「玉子焼き」の名称を使う店も多い一方で、新規開業店を中心に「明石焼き」の名称も広まっている。ここにも榎本氏が一枚かんでいた。

玉子焼きは当時、明石では完全に「玉子焼き」という名称で通っていた。しかしマスコミの取材を受け全国に玉子焼きを発信していく過程で、「玉子焼き」では卵のみを使ったふつうの卵焼きと区別がつかないし、「明石」の名を冠した方が明石全体にとってメリットがあるのではないかと考えた。そこで一部で便宜的に使われていた「明石焼き」という名称を明石市内でも普及させようと、各店舗に配布するのぼりの製作等を通じて説得に回った。しかし「明石焼」が明石で昔から伝わる焼物の名称であることもあり、関係者から強い反発を受けてしまった。その後「明石以外では明石焼き、明石に来たら玉子焼き」という「ストーリー性のある」戦略に切り替えていった。

事態は、榎本氏の思惑通りに進んだ。玉子焼きは現在、明石以外では完全に「明石焼き」の名称で通っている。このおかげで明石の知名度が上がったことは間違いないであろう。

今に続く、二〇年前の努力

これまで本章の前半では玉子焼きにまつわる二〇年前の努力について言及してきた。ここで一旦整理をしてみよう。

玉子焼きのマーケティング戦略に関してポイントは、以下の三点に集約できる。

① マーケティング戦略は市役所職員が主導していたが、あくまで主役は民間となるように「盛り上げ役」に徹した。

② マスコミを上手に利用した。

③ 「ストーリー性」を意識したマーケティングが行われた。

これらは現在言われている、食による産業振興の成功事例のポイントと同じ内容である。まだ食による産業振興が注目されていない時代、明石市は市職員のカンの鋭さと実行力によって、当事者でさえも想像していなかった成果を生み出したのである。

榎本氏が観光課から退いた後、市役所では玉子焼きに特化した戦略がとられることはなくなった。しかし榎本氏を中心とした二〇年前の人びとの努力は、今なお明石のにぎわいを支えている。後半では、現在の玉子焼きをとりまく状況とその課題について言及していこう。

3　現在の明石玉子焼きを取り巻く状況

ここ十数年、玉子焼きを提供する店が明石市内、そして市外で増えている。玉子焼きを提供する店舗は、明石市中心部で一九八〇年代後半に約二〇店舗だったのが、この二〇年で約五〇店舗と、大幅に数を増やしている。明石海峡大橋の開通も重なって、明石を訪れる観光客は絶えない。

加速度的に「明石焼き」が広まっていく

多くの行政主導型まちおこしでは、熱意ある担当者が異動してしまった後、急速に活動の求心力が落ちていく悲しい例が各地で見受けられる。明石市でもキーマンであった榎本氏が部署異動し玉子焼きのＰＲを先導できなくなってから、行政主導の動きは途絶えた。しかし玉子焼きは、その存在を忘れられることなく、それどころか新たなファンを増やし続けていったのである。なぜだろうか、要因を整理してみたい。

●榎本氏が活躍している間に、玉子焼きが「明石焼き」として全国的な知名度を獲得した。

●榎本氏はお好み焼き道場の高雄氏、安福氏といった地元企業の「同志」を巻き込んでおり、彼らがその後も個人的に積極的なPR活動を行っていった。
●いつの時代も玉子焼きを愛する、昔からの固定客の存在があった。
●一九九八年の明石海峡大橋の開通とそれに伴う観光客の大幅な増加。
●玉子焼き屋は参入障壁が低い。少ない初期費用で、経験なしでも始めることができる。

また、たこ焼きとの関連からいくつかの興味深い点もある。
●具、トッピングを工夫した「ニューウエーブ」たこ焼きの出現。
●大阪・神戸などのたこ焼き店が、たこ焼きのバリエーションの一つとしてメニューに明石焼きを加えた。

これらの要因がどれか一つでも欠けていたら、玉子焼きは違った展開を見せていたかもしれない。各要因が複雑に重なり合い、玉子焼きは自然に、加速度的に広まっていったのである。

新規開業の増加する、明石市中心部

玉子焼き店舗数の増加に関して、その内訳について詳細な資料は作られていない。おおざっぱには、新規創業、転業による新規創業、メニューに追加といろいろなケースがあるようだ。

明石市中心部、明石駅南口から南へ数分のところに、魚の棚商店街という、名前のとおり魚屋が連なる商店街がある。その中の一軒「あかし多幸」で代表取締役の安原宏樹氏（一九七二年生まれ）にお話をうかがった。

あかし多幸は二〇〇六年に果物屋から玉子焼き屋に転業している。魚の棚商店街の大改装に合わせての決断だった。玉子焼きを選んだ理由については「商人として立ち返った結果、果物屋を続けるより玉子焼き屋をやるほうがいいと判断した」とのことであった。果物屋の創業者であった安原氏の祖父も実は魚屋から果物屋に転業しており、転業に対してためらいはなかった。

玉子焼きの焼き方に関しては、玉選組という明石の若手経営者の集まりで、近年明石焼きＰＲを積極的に行っているグループのメンバーから教わった。安原氏は魚の棚東商店街の理事長を兼任している。三〇歳代で商店街の理事長とは、ずいぶん珍しい。数年前に大規模な組織変革を行った。魚の棚商店街では全店を網羅したホームページの開設、商店街マップの作成、社会見学で魚の棚商店街を訪れる小学生向けの「うおんたなすごろく」の製作、各種イベント開催と若い力で積極的な活動を行っている。

また、魚の棚商店街から少し南の通りに面する「楽　ｒａｋｕ」でもお話を伺った。社長は久保圭子さん、とても上品な奥さまといった雰囲気を醸し出している。開業は二〇〇〇年。久保さんの妹が「楽」が開業する数年前に近隣で玉子焼き店を開業していた。久保さんは妹の店を手伝っていたが、妹が店をたたむことになってしまった。久保さんは考えた末、自分で新たに店を開業しようと決意。なお久保さんの実家は人形屋であり、「商売にはなじみがあった」ようだ。スタッフは全員女性、家庭的な、暖かい味の玉子焼きを提供している。

玉子焼きはもともと屋台発祥の食べ物といわれているだけあり、開店に際して初期費用があまりかからない、経験がなくても開店できる、といった参入障壁の低さが特徴的である。この十数年間で多数の玉子焼き屋の新規参入があり、同時に多数の退出があった。関西地区の「商《あき》人《んど》」たちは、利益を見極める判断が素早く、新規創業、店舗拡大、廃業等のスピードが全国的に見てもかなり速いように思われる。このような商人気質も加わり、玉子焼き店は、市場入退出を繰り返しながら、全体として店舗数を増やしているのであった。

明石の外で広まる「明石焼き」

明石市外に関しては、神戸や大阪のたこ焼き店ないしは関連会社が、明石焼きをメニューに追加し、全国的に売り出している例が数多く見受けられる。神戸や大阪の街中を歩いていると、たこ焼き屋で「たこ焼き」か「明石焼き」か、選べる店が簡単に見つかる。この場合、多くは焼いたものにソースをつけたものを「たこ焼き」、ダシ汁につけたものを「明石焼き」として提供しており、厳密な意味では玉子焼きとは異なっている。しかし、こういった形での「明石焼き」知名度の上昇はかなり大きいものであることが容易に推測される。

関西だけでなく関東でも明石焼きを提供する店が増えている。その多くは関西のケースと同じくたこ焼き店に明石焼きがあるというものだが、レストランチェーンで「明石焼き」が提供されるなど、確実に普及してきている。

写真5―4　神戸市内のたこ焼き屋の看板

「本物の」玉子焼きも全国に広まっている。安福氏によると、東京から四国まで、全国から玉子焼き店を開業したいと安福氏のもとを訪れる人が多数いるという。玉子焼きが、兄弟であり永遠のライバルであるたこ焼きにならぶ日も、そう遠くないかもしれない。

まちおこしの先導役に選ばれる「玉子焼き」

近年、「地域活性化」「まちおこし」といったキーワードが流行し始めてから、玉子焼きは明石のまちおこしの先導役として選ばれるようになってきている。その中で、とりわけ注目すべき動きとしては、明石の若手経営者の集まりから派生した「玉選組」の活動がある。玉選組は二〇〇三年頃から玉子焼きの積極的なPR活動を行っており、これまでに「あかし玉子焼きフェスティバル」を二回開催したほか、頻繁に全国各地の様々なイベントに出展している。彼らは明石のまちおこし、PRを行うにあたり「玉子焼き」を選び、活動を開始した。メンバーはみな玉子焼きとは関係のない職業だが、研究と修業を重ねて今では本業顔負けの味だという。

また、二〇〇六年より明石TMO（明石地域振興開発株式会社）と漁協、明石商工会議所、明石観光協会が共同で「タコ検定」を開催するなど、明石の「食」文化をめぐる積極的な展開も見受けられる。魚の棚商店街も先述したとおり、若い力が中心となって積極的な活動を行っている。

そして明石市は二〇〇七年から「食」を中心とした観光PRを行っていこうとしているが、食にはもちろん玉子焼きが大きく意識されている。また神戸市・姫路市との観光広域連携も進んでおり、その中での明石市の位置づけは「食」であるという。すでに中国・四国地方からの日帰り観光バスが神戸、明石、姫路を回っている。明石では明石海峡大橋を見た後に、魚の棚商店街周辺を散策するというものが多く、その散策途中で多くの観光客が玉子焼きを買って食べている。

明石は古くよりタコの水揚げで有名であったが、昭和五〇年代にタコの漁獲が激減した。他の海産物に関しても同様で、明石＝海産物というイメージが徐々に薄れていた。玉子焼きのブレイクをきっかけに、明石の食、とりわけ海産物をとりまく動きが再び注目され、活発化していった。玉子焼きの波及効果は、効果を裏付ける統計資料こそないものの、確実に明石市内全体に浸透している。

4　今後の方向性と課題

これまで見てきたように、玉子焼きはいまや「まちづくり」「地域振興」に励む市民だけでなく、「商売をしたい」人びとにもその先導役として選ばれる存在になってきている。最後に今後の課題を整理していこう。

まず、玉子焼きに関して明石でよく言われていることとして、「玉子焼き屋の組合がない」ということがあげられる。組合が存在しないため、玉子焼きのPR活動を中心となって行える人がいない、各店一体となってPRを行えないという問題点が指摘されている。現在、玉子焼きに関する食べ歩きマップが四種類もでており、マップによって掲載店舗が異なるところからもその問題が垣間見える。

しかし今回の調査を通じて、組合を作ることは現実的でないように思われた。明石の経営者の方々はそれぞれ意思の強い方が多く、また玉子焼き屋の新規参入・廃業のスピードも速いことから、今後も連合体を組織することは極めて難しいことが容易に想像できる。幸運なことに、玉子焼きは先述した「自然発生的に広がる要素」を兼ね備えている。玉子焼きを提供する各店、食に関連する各店とその連合体、市民団体、行政の努力の集合体としての玉子焼きの発展は、今後の明石市の発展戦略の核に十分なりうると考えられる。

今後の大きな課題としては、明石での伝統を守りつつ、明石外のトレンドをつかんでいくことがあげられるであろう。

今回の調査では行政関係者、そして玉子焼きに関わる様々な方にお話をうかがったが、多くの方は明石以外で何が起こっているのか、あまり知らないようであった。先述したとおり、「明石焼き」はいまや全国展開しており、知名度も相当高くなっている。そして明石焼きを明石以外で販売しているのは、その多くが大阪や神戸を本拠地とする企業である。明石以外では明石焼きとたこ焼きの融合が進み、またタコのかわりにえびや穴子を使うなど新たなタイプの明石焼きも誕生している。何か考えさせられる話ではないか。伝統を守り続ける一方で、外の動向に目を向け、適切なマーケティング戦略をとり続けていくことが重要だと思われる。

ここ一〇年、明石への訪問客の増加を支えた明石海峡大橋ブームもそろそろ陰りが見えている。明石海峡大橋とセットで観光目的となっていた玉子焼きは新たな局面を迎えることが予想される。玉子焼きを提供する各店舗、そして関連企業の個々の努力、そして個々の努力を支える行政や各団体のサポートが、今後の玉子焼きの永続的な発展を支えていくことだろう。食によるブランドの兄貴分である明石たまご焼き。今後のさらなる展開に期待したい。

（1）玉子焼きの歴史に関しては、熊谷真菜『たこ焼き』リブロポート、一九九三年、に詳しい。なお文中に紹介されている、榎本氏が共同で研究を行っていた大学院生とは熊谷さんのことである。

第六章　須坂みそ料理／伝統的な地域資源を生かす

大平修司

近年、地域活性化の一つの方法として、地域ブランドの開発が盛んである。しかし、地域ブランドの開発はそれほど容易なものではないのが現状であろう。中には、その地域とはまったく関係のないものにただ単に地域名を付与するだけでブランド化なされたものも数多く存在する。そのような中で、長野県須坂市のみそ料理は、須坂の伝統的なみそを利用して地域ブランド化している事例である。須坂市は長野県の北東に位置する人口五万三〇〇〇人の中小都市であり、自然・歴史資源が数多くある街である。しかし、「須坂」と聞いて連想できるオリジナル料理は存在しなかった。その点に目をつけて、須坂に古くから存在しているみそを利用して地域ブランド化を図ったのが信州須坂みそ料理である。

1　須坂市の歴史と豊富な地域資源

須坂市はこれまで製糸業をはじめとする大資本の下で繁栄してきた街である。現在も、その繁栄の名残としての様々な地域資源が残っている。そのような須坂市もバブル経済の崩壊により、街の経済を支えていた富士通の人員削減の影響を受けた。それがきっかけとなり、須坂市は大資本に頼らずに地域を活性化する必要に迫られることになった。

豊富な地域活性化の資源

須坂市は江戸時代は須坂藩の下で、穀物・菜種油・煙草・綿・酒造業などの商売をしていた北信濃屈指の豪商田中家が須坂を繁栄させた。現在も田中本家の家屋が残っている。その家屋は約一〇〇メートル四方を二〇の土蔵が取り囲み、庭には天明年間（一七八〇年代）作庭の池泉廻遊式庭園などが残されている。

その後、明治になると須坂市は製糸業で栄えた。特に明治末期から大正期にかけては、その繁栄の恩恵を数多く受けた。しかし、その後、世界恐慌のあおりを受けて、製糸業は衰退してしまった。だが繁栄の面影は現在も残っており、その時代の建造物が今でも多く見られる。その代表的なものが「蔵」である。須坂市の街には至る所に蔵が良い状態で保存され、現在も街の景観の一部として存在感を漂わせている。

さらに、第二次大戦後は富士通が須坂市に工場を建設したことで、企業城下町として街は繁栄した。しかし、一九九六年にバブル経済崩壊のあおりを受け、富士通は須坂工場の縮小を決

写真6―1　㈲塩屋醸造

定し、六〇〇〇人以上の人員削減を行った。

須坂市はこれまで大資本主体で街づくりをしてきた。しかし、それも今は昔話となり、大資本に頼らない街づくりが求められるようになったのである。幸いなことに、須坂市には、蔵のある街並みや田中本家などの歴史資源がある。それ以外にも、米子大瀑布のように、自然資源にも恵まれている。このように須坂市は、地域活性化のための地域資源に恵まれているのである。

日本屈指のみそ醸造元

須坂市にとって、みそは全国に誇ることができる地域資源である。実際、須坂市のみそは全国のみその品評会で何度も受賞しているみそ醸造元が数多く存在している。長野の特産物と言えば、皆、信州みそを連想するだろう。須坂市には、現在七つ（㈲土屋味噌醤油醸醸造場・千日みそ㈱・㈲塩屋醸造・㈲中村醸造・㈲糀屋本藤醸造舗・松葉醤油工場・㈲新崎味噌醤油店）のみそ醸造元がある。その中でも塩屋醸造は、二〇〇一年まで長野県みそ品評会の長野県知事賞を二五年連続で受賞しており、さらに二〇〇三年には全国味噌鑑評会の農林水産大臣賞を、二〇〇五年には全国味噌鑑評会の総合食料局局長賞を受賞している。また、㈲中村醸造所も一九九九年の全国味噌鑑評会の農林水産大臣賞を受賞している。特に長野県みそ品評会では、毎年、必ずと言っていいほど、須坂市のみそ醸造元が受賞している。

2 伝統のみそを利用したオリジナル料理の開発

みそ料理が開発されるまで、須坂市に観光で訪れても、これといった地元料理はなかった。須坂市には、上述したように、全国でも屈指の味を誇るみそがある。これを軸に料理として提供しようと考えたのが、須坂市で飲食店を営んでいる市民であった。

「信州須坂みそ料理乃會」の結成

みそ料理開発の背景には、富士通の大規模な人員削減があり、飲食店として須坂市の活性化に貢献したいという市民の熱い気持ちがあった。そのために結成されたのが、「信州須坂みそ料理乃會」であった。この会を発足させるにあたり、代表を務めたのが、レストラン「ＴＯＭＴＯＭ」の社長である霜田剛氏であった。霜田氏は、長年、須坂市で飲食店を営んできた。店

表6―1　信州須坂みそ料理乃會会員店

店名	カテゴリ
TOMTOM	レストラン
かねき	レストラン
金箱商店	食堂
カフェ　キャッチボール	レストラン
十割そば　あがれ屋	そば店
手打そば　松葉屋	そば店
六本木	居酒屋
そば処　松屋	そば店
海勢寿し	寿司店
六味亭	居酒屋
割烹　能登忠	割烹料理
臥竜荘	食堂
池乃清泉亭	食堂
きたむら食事処	食堂
割烹　加治川	割烹料理
せん龍本店	うどん店
泰眞きりもみそば店	そば店
ゑびす食堂	居酒屋
㈲土屋味噌醤油醸造場	みそ醸造・販売
千日みそ㈱	みそ醸造・販売
㈲塩屋醸造	みそ醸造・販売
㈲中村醸造場	みそ醸造・販売
㈲糀屋本藤醸造舗	みそ醸造・販売
松葉醤油工場	みそ醸造・販売
㈲新崎味噌醤油店	みそ醸造・販売

注：2008年3月1日現在

舗は、富士通須坂工場の近くにあり、富士通の人員削減を身をもって感じた。そのため、須坂市の飲食店をまとめ、みそ醸造元に協力を依頼し、信州須坂みそ料理乃會を組織したのであった。現在、信州須坂みそ料理乃會は飲食店とみそ醸造元二五のメンバーで構成されている（表6―1）。

みそ料理の開発

霜田氏が須坂市のみその凄さに気付いたのは、青年会議所で全国規模の会合に行った時である。その時、他の地方の人から、「須坂市のみそは品評会に出展すると、必ず受賞するほど、美味しいみそがあるのが羨ましい」という話をされた。霜田氏は生まれてから、ずっと須坂市に住んでおり、須坂のみその味はどこに行っても当たり前の味だと思っていた。しかし、これがみそ料理を発案するきっかけとなったのである。

そして、霜田氏は須坂市の飲食店に須坂のオリジナル料理として、みそ料理を開発しようと提案した。しかし、そこでは、みそは全国各地にあり、オリジナル料理になるはずがないという消極的な意見ばかりだった。当然、この消極的な意見を言った人たちも、須坂市に暮らしており、この時点では、まだ須坂のみその凄さに気付いていなかった。つまり、霜田氏が他の都道府県の人に会う前と同じ状態だったのである。

その中でも、一軒のみそ醸造元は霜田氏の提案に賛成をした。霜田氏は、早速、北信地域のみそ醸造元が集合する会合に参加し、みそ料理を提案した。その提案にみそ醸造元は大賛成した。みそ醸造元が霜田氏の提案に賛成した背景には、近年の健康ブームで減塩する人が多くなり、そのあおりを受け、みその消費量が全国的に低下していたという背景があったのである。

そこで再び、霜田氏は須坂市の飲食店の説得にかかった。須坂市には、表6―1にあるように、様々な飲食店がある。みそはあくまで調味料であり、みそをベースとし、それぞれの飲食店の料理をアレンジした、創作みそ料理を開発しようと提案し、説得したのである。その結果、

写真6―2　TOMTOMの手ごね和牛
みそハンバーグステーキ

一度は反対した須坂市の飲食店も霜田氏の提案を受け入れたのであった。

幾多の壁を乗り越え、二〇〇三年三月に「信州須坂みそ料理乃會」は発足した。各店舗は、それぞれ独自のみそ料理を開発した。例えば、霜田氏のTOMTOMでは、「みそパスタ」「みそピザ」「手ごね和牛（チーズ）みそハンバーグステーキ（**写真6―2**）」「すざかみそかつ丼」「和牛サーロインみそステーキコース」を開発した。

さらに、みそ料理の開発プロセスでは、消費者との相互作用があった。みそ料理を販売し始めた当初は、みそ料理を食べた客から、味が「しょっぱい」という意見があった。その意見から、霜田氏は、昔、家でみそを食べるときには、必ず砂糖を入れていたことを思い出した。須坂のみその特徴は、須坂市が冬の寒さの厳しい地域という理由もあり、塩からいものであった。そのことから、霜田氏は、各店舗にみそ料理を作る際には、みそに甘味を加えるように呼びかけた。その結果、須坂市民が食べて美味しいと思うみそ料理

表６―２　各店舗のみそ料理のメニュー

加盟店名	みそ料理メニュー	金額
海勢寿し	みそヘルシー丼 あじのなめろう まぐろのなめろう	650円 700円 700円
十割そば　あがれ家	みそっかけ（そば）	750円
カフェ　キャッチボール	ミソカツドライカレー ミソカツサンド	850円 850円
六味亭	マーボみそ煮 イカとタマゴのみそチリソース みそ五目おこげ みそやきそば	600円 700円 980円 600円
かねき	みそオムライス 須坂みそのポークソテーセット	570円 950円
そば処　　松屋	町並みそば（そば・古代（紫）米・味噌だれそば団子）	1,200円
手打そば　松葉屋	みそだれサラダそば（うどん） みそかつ定食 ゴマみそだれざるうどん	780円 880円 550円
割烹　能登忠	懐石料理コースの中で２～３品のみそ料理	
ＴＯＭＴＯＭ	みそパスタ みそピザ 手ごね和牛みそハンバーグステーキ 手ごね和牛チーズみそハンバーグステーキ すざかみそかつ丼 和牛サーロインみそステーキコース	820円 700円 1,030円 1,230円 980円 2,500円
金箱	みそづくしセット（鬼汁うどんとくるみみそ団子） 《夏限定》冷しみそしぼりうどん 《夏限定》ごまみそ冷し中華そば 《秋～春限定》みそにらせんべい くるみみそだんご	650円 500円 600円 100円 １本80円
臥龍荘	豚汁ライス	680円
池乃清泉亭	手打ちおしぼりうどん	600円
六本木	みそだれ釜あげうどん みそ天丼 みそ風味山菜三昧 むかし懐かし御膳（セット）	600円 650円 500円 800円

出所：信州須坂みそ料理乃會ホームページ（http://www.city.suzaka.nagano.jp/shoukou/kanko/miso/）より

の開発に成功したのであった。

信州須坂みそ料理乃會の運営

各店舗がオリジナルのみそ料理を開発したことで、須坂がみそ料理の街として有名になるには、それほど時間がかからないと各店舗は考えていた。それは同時に、みそ料理の開発が経済的な意味で大きな恩恵をもたらすと各店舗は考えていた。須坂市オリジナルのみそ料理も開発でき、信州須坂みそ料理乃會はそれを須坂市内外の人に知ってもらうためにイベントを開催することを決定した。当然イベントを開催するには、費用がかかり、それを会の会員費として、月五〇〇円の会費を徴収しようとした。しかし、その会費を払わない店舗が続出した。それには理由があり、僅か五〇〇円を捻出できないほど、当時の須坂市の飲食店は困窮していたのであった。このようなことからも、富士通の人員削減の影響が須坂市の経済に与えた影響がいかに大きかったかわかるだろう。

このように、須坂市の衰退を一市民である霜田氏を中心とした飲食業者が、須坂が全国に誇るみそを利用して、オリジナルなみそ料理を開発することで地域活性化を促そうと取り組んだ。ただし、新しい取り組みだっただけに、それに反対する人たちも少なからず存在した。しかし、そのようなプロセスがあったからこそ、みそ料理が開発できたのであった。

3　みそ料理普及のための信州須坂みそ料理乃會の活動

信州須坂みそ料理乃會はみそ料理を須坂市内外の人たちに認知させるために様々なイベントを開催した（表6―3）。会の会費については、前回の経験を踏まえ、イベントを開催する毎に徴収するという形をとった。それに加えて、様々なイベントを開催していくにあたり、須坂市役所のサポートがあった。特に産業振興部商業観光課は、イベントを開催する上でのポスターなどの作成を担当した。須坂のみそ料理は、行政機関が主体となって開発された地域ブランドではなく、市民が主体となったものであり、行政機関はあくまで民間の活動を裏から支える陰の存在として会の運営をサポートした。現在、市は信州須坂みそ料理乃會の事務局を担当している。

イベントの開催とみそを使用した加工品の商品開発

信州須坂みそ料理乃會は、まずみそ料理を須坂市民や観光客に認知してもらうために、手作りちらしやのぼり旗、木製の看板を作成した。これにより、市民と観光客に、飲食店に入らなくとも、みそ料理というオリジナル料理が須坂市に生まれたことを知らせた。それだけではな

表6―3　信州須坂みそ料理乃會の活動

年	月	活　動　内　容
2003	3	信州須坂みそ料理乃會発足
	4	手作りちらし，のぼり旗，木製の看板を作成
	6	信州須坂みそ料理「おいしさいろいろ第１回スタンプラリー」開催（至11月30日）
	12	「第３回ふるさとＣＭ大賞ＮＡＧＡＮＯ（長野朝日放送主催，八十二銀行協賛）
		「第２回スタンプラリー」開催（至2004年５月31日）
2004	1	信州須坂みそ町（まっち）ＭＡＰを作成
	7	「第３回スタンプラリー」開催（至12月31日）
	9	「須坂市制施行50周年・須坂商工会議所創立55周年記念“好きです須坂！　産業フェア”」にみそ料理を出店
2005	4	須坂の伝統的なおやつであるみそ味のにらせんべいを作成
	7	「第４回スタンプラリー」開催（至12月31日）
2006	4	「みそ料理を食べてスピードくじ：須坂みそ200キロプレゼント」を開催
2007	7	結成５周年事業として，統一料理の検討を決定
	9	統一料理を「信州須坂みそすき焼き」として研究開始
	11	会の活動がテレビ東京・信州放送で放映
	12	開発途中の「信州須坂みそすきやき丼」の試作品を蔵の朝市で80食振舞い，アンケートを実施
		信州放送特番「蔵とともに人ともに：須坂の町」で会の活動を放映
2008	1	須坂市報「広報すざか」が会の活動を掲載

く、会は、「信州すざか　みそ料理を一〇軒（現在は五軒）食べて『お味噌』を貰っちゃおう」をキャッチフレーズにスタンプラリーを毎年開催している。これにより、須坂市民にみそ料理を食べるインセンティブを与えたのである。そして、その食べ歩きのために、みそ料理を食べることができる店舗を掲載した「信州須坂みそ町（まっち）ＭＡＰ」を作成した。さらに、須坂市ホームページの中に信州須坂みそ料理乃會のホームページも開設し、観光客向けのページに通年須坂を訪問して楽しめるものとして、みそ料理を紹介している。

そのような信州須坂みそ料理乃會の活動は、マスコミに取り上げられるまでに至った。二〇〇四年の三月と五月には、日経新聞に会の活動とＴＯＭＴＯＭのみそパスタが紹介された。また、会が活動を始めて五年後の二〇〇七年一一月にテレビ東京と信州放送で会の活動が取り上げられ、さらに一二月には長野県のローカル放送局である信州放送が特番で「蔵とともに人とともに‥須坂の街」という番組を制作し、その中でも会の活動が放映された。

信州須坂みそ料理乃會のみそ料理の取り組みは、みそを利用した様々な商品開発まで波及した。それは「みそ漬け」「みそドレッシング」「みそだれ」「青唐辛子みそ」「大葉みそ」「行者みそ」「あま酒」「みそあめ」までが開発された。このような商品は、須坂市内のスパーマーケットなどで販売されており、さらにＮＰＯ法人ＮＥＸＴ須坂がインターネット販売をしている。ＮＥＸＴ須坂は、須坂商工会議所青年部が創立二〇周年を記念して、二〇〇五年二月に設立したNPO法人である。須坂で生産された商品をインターネット限定で販売している。このような広がりを見ると、みそ料理の開発が須坂市の食品産業にも波及したことがわかるだろう。

統一料理の作成

信州須坂みそ料理乃會は、結成五年目を迎え、会として統一した料理を開発することを決定した。統一料理開発のために、会員は名古屋の八丁みそを使用したみそ料理やみそかつ丼などの勉強を兼ねて研修を行った。会の会員には、飲食店と言っても、居酒屋から、そば屋まで多岐に渡っている。それら店舗が共通して提供できるものというのが統一料理開発の条件となった。

須坂市がかつて製糸業で栄えたというのは前述した。その当時、須坂を訪れる人たちには馬肉のすき焼きが振る舞われていた。これは製糸工場の工場主が、全国各地から須坂の製糸を求めてくる業者などをもてなすための料理であった。その名残か、須坂の街には、現在もすき焼き屋が数件存在している。すき焼きは、居酒屋のなべ料理として提供できるだけでなく、ご飯ものを扱っている店では、丼として提供することもできる。さらに、それは丼ものを扱っているそば屋でも提供可能な料理である。このような須坂市の歴史と、各店舗が共通して提供可能なすき焼きが統一料理として選ばれた。二〇〇七年九月に統一料理を「信州須坂みそすき焼き」と命名し、新たなみそ料理の開発に着手した。

そして、二〇〇七年一二月には、須坂市が定期的に開催している「蔵の朝市」で試作品の「信州須坂みそすき丼」が朝市を訪れた人びとに振る舞われた。特に統一料理である、「信州須坂みそすき丼」では、地元の野菜を使うことがその条件に加えられた。その時の旬の地元須坂で生産された野菜をみそすき丼に使用することで、地産地消を促進し、さらにみそすき丼を食べた人に須坂の野菜の美味しさを伝えることを意図した。つまり、野菜の生産者にもメリットがあるように配慮したのである。実際、TOMTOMのみそすき丼には、須坂市で生産されたごぼうが使用されていた（写真6—3）。

写真6—3　TOMTOMの「信州須坂みそすき丼」

4　須坂ブランドの構築に向けて

信州須坂みそ料理乃會が結成されたのは、二〇〇三年であり、会の結成から五年が経過した。これまでの会の取り組みを見ると、須坂市の伝統を生かしたみそ料理を開発し、それを社会に伝えるために奔走した五年であったであろう。マーケティングでは、商品にはライフサイクルがあることが指摘されている。その視点から言うと、須坂市のみそ料理はライフサイクルの導入期に位置する地域ブランドである。今後は、商品ライフサイクルが下降線を描かないように、成長期に移行するための活動を展開する必要があろう。その際に鍵となるのは、やはり活動を推進するリーダーの存在であり、それを支え、須坂市全体の視点から地域資源をマネジメントしていくことである。

みそ料理の成長期へ向けて

信州須坂みそ料理乃會の代表である、霜田剛氏は市会議員選挙に立候補し、二〇〇七年二月初当選を果たした。霜田氏が市会議員になろうと思った背景には、須坂市を産業という視点から、活性化させたいという気持ちがあった。それは霜田氏が信州須坂みそ料理乃會を立ち上げる以前から考えていたことであった。特に信州須坂みそ料理乃會の活動が軌道に乗ったことで、その気持ちがより強くなったという。霜田氏は、信州須坂みそ料理乃會の結成以前は、地域活性化を「誰かがやるのでは」と思っていた。しかし、実際には他の人たちも同じように考えており、結局誰もやらないことを実感した。そのことから、それなら自分がそれをやろうと思ったのであり、さらに市会議員になることで社会的地位を背景に地域活性化を推進していこうと決意し、市会議員に立候補したのである。

須坂市役所産業振興部商業観光課の白倉芳彦氏によると、信州須坂みそ料理乃會の運営がうまく行き、会がここまで成長し、みそ料理が社会に知られるようになったのも、すべてそれをまとめ、推進した霜田氏の力が大きい点を指摘している。霜田氏は、みそ料理を成長期へ移行させるために、会の統一料理である「信州須坂みそすき丼」を開発した。この統一料理は、すべての店舗で同じ味で提供されるわけでなく、細かい味付けやアレンジなどは各店舗に任されている。

写真6—4　霜田剛氏（信州須坂みそ料理乃會代表・須坂市市会議員・レストランＴＯＭＴＯＭ社長）

店舗ごとに違う、みそすき丼を食べ比べることができるという点は、消費者にとっては魅力となろう。そこで鍵となるのが、各店舗がさらにみそ料理を究めていくということである。飲食物という商品は、味の低下や一度のミスがすぐに大きな失敗に結び付く商品である。そのためには、代表である霜田氏が会員の店舗の味のマネジメントをする必要があるだろう。

須坂ブランドのマネジメント

そして、市会議員となった霜田氏に求められているのは、須坂市の商業や観光の中でみそ料理を活かしていくということである。前述したように、須坂市には豊富な地域資源がある。それらとみそ料理を組み合わせ、魅力的な街となるために霜田氏は今後も奮闘する必要がある。特に須坂市に来た観光客には、必ずみそ料理を食べてもらうプランを組むことも、市会議員となった現在では実現不可能なことではない。須坂市には、食・自然・歴史というような豊富な地域資源がある。それら須坂ブランドの構成要素を束ね、須坂ブランドという点からそれらをマネジメントしていく必要があるだろう。そのためには、市会議員となった霜田氏がその一翼を担うことができるのであり、須坂ブランドを構築してくためには、須坂ブランドの構成要素に関連する組織や人の連携が不可欠となることはいうまでもない。

【参考資料・URL】

「富士通、長野で一六八五人削減」(『日経産業新聞』二〇〇二年八月一五日)
「信州をつくる須坂市みそ料理の会」(『日本経済新聞(地方経済面)』二〇〇四年三月一七日)
「街かど図鑑長野県須坂市」(『日本経済新聞(朝刊)』二〇〇四年五月三日)
NPO法人NEXT須坂のホームページ(http://www.suzaka.info/next/)
須坂市ホームページ(http://www.city.suzaka.nagano.jp/)
信州須坂みそ料理乃會ホームページ(http://www.city.suzaka.nagano.jp/shoukou/kanko/miso/)

第七章　帯広ビフトロ丼／北海道十勝の連携が始まる

西村俊輔

私は北海道勤務時代、担当エリアの帯広市を訪れる機会に恵まれた時は、日帰りであれ泊まりがけであれ、可能な限り時間を捻出し、「北の屋台」に顔を出すようにしていた。屋台での人びとの笑い声や活気ある雰囲気に身を置くだけで、十勝の持つ活力を肌で感じ、明日へのエネルギーとでも言うべきものをもらうことが出来たからだ。北海道時代を思い返すとき、必ずといってよいほど、北の屋台村で食べた料理、嗜んだ酒、そして偶然隣どうしになった地元市民との会話を思い出す。

二〇〇七年夏、十勝のB級グルメを捜していた私は、日頃からお世話になっていた帯広市商工観光部工業労政課長の菅尾忠正氏から、「今、北の屋台で相当盛り上がっている料理がある」との情報を得、北の屋台に出店する「農屋《みのりや》(1)」ののれんをくぐった。それが、私と「ビフトロ丼」の最初の出会いであった。

1 「食」の王国・十勝

北海道におけるB級グルメ

お手ごろな価格で市民に近い「B級グルメ」は、今やわが国の地域振興における主役の一つとなっている。各地域は、それぞれ自らの地域の未来に寄せる熱き思いを一つのB級グルメに託し、地域活性化への突破口にすべく日夜奮闘している。年に一度開催される「B―1グランプリ」が知名度を増し、定着したことは実に喜ばしいことである。このイベントが定期開催されることで、各地域は外の世界を見る機会を得、自らが日本全体の中でどのような位置にあるのかを認識する。グランプリで入賞を逃した悔しさ、あるいは他団体との交流を通じ、自らの活動をより良いものにすることが出来るのである。

北海道におけるご当地グルメ活動の盛り上がりは、近年特に勢いを増しているように思う。B―1グランプリへの出場実績のあるところでは、富良野市のオムカレー[(2)]、室蘭のやきとりが北海道ご当地グルメ活動の先進的な存在となっている他、最近ではオホーツク沿岸の主要都市である網走市・北見市・紋別市の三市が、それぞれ「オホーツク」を頭に付した名前のご当地グルメ開発を進め、従来の市町村の枠組みを超えた地域間連携を進めようとしている。

写真7—1　十勝支庁管内

北海道は日本有数の食の産地であり、それを支える広く厚い農業の基盤がある。近年、地域ブランドの中でもとりわけ「食」をテーマとする地域ブランド活動が全国各地で目立つが、これが今後いっそう発展し人気が高まっていくならば、「食」の宝庫である北海道はその分野でのトップランナーになり得る力を秘めていると言えよう。

北海道農業を代表するまち・十勝

本章の舞台である北海道十勝支庁（一市一六町二村、支庁所在地・帯広市）は、北海道の中でもとりわけ「食の産地」としての色合いが濃い地域である。人口約三六万人、面積一万〇八三〇平方キロ、西を日高山脈、北を大雪山系、南と東を太平洋に囲まれ、広い耕地と良好な自然環境に恵まれた日本屈指の畑作・酪農地帯であり、支庁全体の農業産出額は二四九七億円（二〇〇六年）と北海道全体の二三％超を占め、道内一の規模を誇っている（二位は網走管内の一七％、三位は上川管内の一二％）[3]。

十勝支庁に属する各市町村の間では、恵まれた食の環境条件を自らの地域振興に活かすべく、チーズ、ワイン、菓子といった食をテーマに興味深い地域ブランド活動が展開されてきた。その中で、持続的かつ魅力的な活動の筆頭にあげられるのが、二〇〇一年オープンした北の屋台であろう。北の屋台は、十勝の魅力ある食の集う場所として、また、十勝内外の人びとの集う場として、十勝の地域振興の中心的存在になっている。

北の屋台と農屋《みのりや》

北の屋台は、二〇〇一年のオープンから数えて今年の七月で丸七年を迎えるが、年間来客数は帯広市の人口並の一六〜一八万人の水準を維持し、売上面では四年目以降三億円強を確保し続けている(4)。現在屋台の数は一九軒。二〇〇七年一一月で二期目が終了し、現在は第三期目の最中にあるが、出店者募集に際しては年々希望者が増えているようであり、十勝における存在感をいっそう増しているといえよう。また、これまでに三店舗が独立開業を果たしており、飲食業分野での「インキュベーション機関」としての機能も相応に演じている。

そんな北の屋台には、オープン当時から出店を続ける「老舗」がある。十勝の農家(畑作二人、畜産二人)が共同で所有・運営する「農屋《みのりや》」だ。農屋では、それぞれの生産者が生産する野菜類、肉類をふんだんに使って調理された料理が提供され、「生産者の顔が見える屋台」として人気を呼んでいる。そんな農屋の看板料理が、次に紹介する本章の主役、「ビフトロ丼」

である。ビフトロ丼は現在八五〇円で提供され、北の屋台街の「名物B級グルメ」として多くのファンの舌を喜ばせている。農屋での販売開始後、口コミで徐々に知名度が増し、二〇〇六年春、とある報道番組で大々的に紹介されたのを機に一挙に人気が沸騰した。ビフトロ丼に用いられる牛肉は、後述する農業生産法人㈲「夢がいっぱい牧場」で生産されているが、あまりの人気で当社のホームページに通販の予約が殺到し、生産が追いつかない状況が今にまで続いている。

2 「ビフトロ丼」と「夢がいっぱい牧場」

牛肉（ビーフ）のトロ「ビフトロ丼」

ビフトロ丼は、丼に盛られたご飯の上に、長細いスティック状にカットされた牛もも肉がふんだんに乗せられた丼料理である。造りはシンプルだが、口にするまでのプロセスが面白い。注文すると、丼とみそ汁、そしてわさび醤油が出てくるのだが、丼の中にはご飯の上にまだ凍った状態の牛肉が盛られている。ご飯に乗せられる直前まで冷凍されているため、客に提供された時点ではまだ半冷凍状態となっているのである。しかし、その後わさび醤油をかけ、ビールを飲むなどして数分待つと、ご飯の熱で牛肉の周りの氷が徐々に溶けていき、口にする頃には、解凍後間もない牛肉の新鮮な甘みによって絶妙な味わいが生み出されている。

ビフトロ丼の肉は、熟成した牛肉の上質なモモ肉と旨味のある上質な牛脂をミックスして作られるもので、一頭の牛から取れる量はさほど多くない。いわば「牛のトロ」と言える部位であり、ここから「ビフトロ」(=ビーフのトロ)とネーミングされた。なお、「ビフトロ」は、後述する「夢がいっぱい牧場」の登録商標となっている。

写真7—1　ビフトロ丼

大樹町の「夢がいっぱい牧場」

北海道広尾郡大樹町は、北の屋台のある帯広市中心部から車で南に約一時間程度行った所にある、人口六三七一人(二〇〇七年一二月末現在)、面積八一六平方キロのまちである。太平洋沿岸ゆえ寒暖の差が激しく、日照時間も比較的短いため、畑作の割合は小さく、畜産・酪農が主要産業として発展してきた。同町の農業総生産額九〇億円のうち約七四%の八〇億円が乳牛部門、約九%の一〇億円が肉牛飼育部門から生まれて

写真7―2　「夢がいっぱい牧場」の一風景

いる他、現在の三三九戸の農家のうち酪農家が二四〇戸、肉牛飼育農家が七〇戸と、酪農・畜産農家が農家全体の九〇％を超えている点からも、同町産業における酪農・畜産の位置づけが理解できよう(5)。

ビフトロ丼が生まれた「夢がいっぱい牧場」は、農屋の共同経営者の一人でもある片岡文洋氏が経営する畜産牧場である。ここでは、肉牛の繁殖・肥育、食肉加工およびレストラン経営が行われ、一次産業から三次産業までの多層的な事業が営まれている。現在、約三〇ヘクタールある同牧場では、約四〇〇頭の肉牛が飼育され、うち黒毛和牛が一五〇頭、ホルスタインの交雑種が一五〇頭、ホルスタイン種一〇〇頭となっている。一般的に肉牛農家は、素牛を生産する「繁殖」と、その素牛を成牛に育てる「肥育」とが分業化されているが、同牧場では繁殖から肥育までを一貫して行っている。

肉牛の飼育管理は現在、文洋氏の次男が主に担当しており、妻の芙美子さんが直売店とレストランおよび加工を担当。文洋氏は、農屋の運営と営業を担当している。

夢がいっぱい牧場およびそのホームページで販売されている製品は、ビーフハンバーグ、野菜入りハンバーグ、ビーフコロッケ、ロースステーキ、焼き肉丼用肉、牛丼用肉、ビフトロなど、計二四種。どれも、芙美子さんが腕によりを掛けて編み出した製品だ。牧場でとれた肉牛を一〇〇%使用し、添加物は一切使用していない。ハンバーグやコロッケに使う牛乳やパン粉、野菜もすべて十勝産の食材で作られている。また、肉牛の肥育にあたっては、栄養や肥育環境の無理な操作は一切していない。肉の旨味を引き出すため、特殊な操作をするケースも多いが、大樹町の自然の中で育てるだけで十分に旨味がでるとして、自然な肥育を心がけている。

写真7—3　肥育牛たち（ホルスタイン）

さらには、肉牛を可能な限り一〇〇%まで使用するというポリシーを持っており、肉牛のあらゆる部位を、様々な調理工夫を施しながら製品化している。現在の加工においては、余って残る部位は殆ど無く、質の悪い油が若干残る程度であるという。ビフトロの抽出部位であるモモ部分は、筋肉が発達しているため脂肪分が少なくメニュー化が難しい部位であったが、脂肪をミックスすることで、他にはない新しい味を生み出し、メニュー化を実現させたところ、このようなヒット商品となったのである。帯広市からかなり遠いところにあるにもかかわらず、夢がいっぱい牧場には遠方からはるばる同牧場の製品を購入するために訪れる人が絶えず、リピーターも増えている。

3 「夢がいっぱい牧場」片岡文洋氏

片岡文洋氏の波瀾万丈の農家人生

片岡文洋氏は、一九四五年生まれの六二歳。生まれは京都府福知山で、話す言葉は強烈な関西弁。六二歳という年齢からは到底想像がつかぬほど、バイタリティに溢れた人物であり、会うやいなや、その大きな笑い声と情熱に溢れんばかりの笑顔に圧倒される思いがした。

文洋氏は、今から三七年前の一九六九年、二五歳で故郷の京都から単身大樹町に入植し、畜産農家としての人生をスタートさせた。父親は税理士業を営んでおり、農業とは無縁の少年時代を過ごしていた。そんな文洋氏が農業を志したのは、高校二年の夏。大学の進路をそれとなく考え始めた頃、義姉が送ってくれた雑誌に、肉用牛の「シャロレー（フランス原産の白い大型牛）」を導入し大成功を収めた北海道大沼の牧場主が掲載された記事を見つけた。

「成功を収めたその牧場主が、テンガロンハットをかぶって、馬に乗って銀座通りを闊歩しとったんですよ。これを見て『これだ』と。それで農家になることを決めたんです。アホでしょ？　こんなアホどこ見渡してもおりませんわ」と大声で笑いながら当時を振り返る。

農業で成功する。そのような夢を抱き、京都大学の農学部に進学し、卒業後実習の場であっ

写真７—４　片岡文洋氏

写真７—５　文洋氏が入植して最初に建てた牛舎。今も健在。

た大樹町に足を踏み入れた。持っているものといえば、学生時代柔道部で鍛えた体力、京都人ならではの反骨精神、そして農業への夢と情熱だけ。着る物も、擦り切れたジーンズ一着のみ。手持ちの金などなく、周辺の人びとの好意で集落の施設に住み、離農後の牛舎を借りて一から農業を始めたのであった。入植後は、苦難の連続だった。学生時代に農業理論等は学んだものの、実際に農家をやることとの間には大きな差があった。火事で家が全焼したこともあった。しかし、自慢の反骨精神で歯を食いしばりつつ、周囲で同様に農家を営む人びとからその都度手助けやアドバイスをもらいながら、農家として少しずつ成長してきた。

牛肉輸入自由化をバネに加工業へ進出

文洋氏がこれまでぶつかってきた壁の中で、とりわけ大きかったのは、一九八九年に決定した牛肉の輸入自由化であった。来るべき価格競争において、間違いなく厳しい状況に直面することになる。「自分の農家人生の中で最も悩んだ時期の一つだった」と文洋氏は当時を振り返る。しかし、同氏はこの逆境をバネに、新たに食品加工業に進出することを決意する。

「『飼育だけで経営を維持するのは難しい』という大学時代の恩師の言葉もあり、また、自らが考える『本物の味』を消費者に直に提供し、評価されたいという思いがありました」。

一九七〇年来二人三脚で歩いてきた妻・芙美子さんのアイディアと協力もあり、積極的な食品加工へ進んでいく。加工を始めた一九九〇年当初は、ハンバーグやステーキなどの限られたメニューを外部の工場へ加工委託し、できあがった製品を販売するという形をとっていた。しかし、そのうち牧場を訪れる客から「ここでは食べられないのか」との問い合わせを受けることが多くなってきたため、一九九七年には牧場敷地内にビニールハウスを利用したレストランを作り、牧場で生産した牛肉をその場で調理して提供できる環境を作った。

その後、ビニールハウスでは冬は使えず、夏は暑すぎるため、限られた自己資金一〇〇万円をつぎ込んで、一九九九年にプレハブの焼肉小屋を作り、季節に関係なく快適に食事を出来る環境を整えた。プレハブレストランの開業後、最初の二年間は赤字で家計から補填していたが、二〇〇一年に黒字に転じた。そして、その後まもなく、農業仲間三人と団結し、北の屋台に農屋をオープンし、ビフトロ丼を帯広の中心部から発信することとなった。文洋氏は、まさにゼロから始めた牧場を、様々な障壁や苦難を乗り越えながら、現在の

写真7―6　ビニールハウスレストラン

形にまで成長させてきたのである。人生の大半をドラマチックに過ごしてきた大樹町への感謝、十勝への愛情、そして自らの畜産事業への誇りが詰まった料理として、より多くの人びとに食べてもらい、十勝の食の魅力を十分に感じて欲しいと願っている。

ビフトロ丼に対しては、帯広市も大きな関心を寄せ、十勝を代表するB級グルメに育つことを願っている。十勝には古くから、市民に深く根付いた「豚丼」というご当地丼がある。駅前の「ぱんちょう」、市中心部の「はげ天」などの豚丼の老舗は、昼になると店先に長蛇の列が出来、観光シーズンには席の確保さえ難しい。また店で食べる以外にも、十勝の各家庭が、独自のソースを使ってオリジナルの豚丼を作っているようであり、その意味で豚丼はまさに十勝の市民に根ざした料理、いわゆる「ソウルフード」と言える。ゆえに丼料理の分野における現時点で十勝のブランドは、豚丼であろう。帯広市の菅尾氏は次のように語る。

「豚丼は既に十勝のブランドを確立しています。だから、まちとして何か特別なアピールをしなくても、ある意味で自然と盛り上がっていくと思います。一方、豚丼に比べれば生まれてまだ間もないビフトロ丼は、売られている場所も限られているため、世間の認知度がまだ低い。直接的にとはいかないまでも、ビフトロ丼が豚丼に次ぐ第二の十勝ご当地丼に育つために、温かく陰からサポートしていきたいと思っています」。

農業は「総合大学」

夢がいっぱい牧場には、片岡夫妻の他に実習生として数人の若者が働いている。これまで、八〇〇人を超える数の実習生を受け入れてきた。中には登校拒否の学生もいれば、心の問題を抱える自殺志願者まで、様々な境遇の人びとがいる。しかし、ともに畜産を営み、農家としてともに寝食等を共にするうちに、自然と彼らの顔つきが変わり、立ち直って元の場所へ帰っていく。その過程で、文洋氏に彼らを教育しようという意図は特になく、ただ共に畜産を行う中でこのような変化が生じていったようである。

「私はこの大樹の地で、本当にたくさんの人たちにお世話になってきました。その恩返しの意味も込めて、ずっと実習生を受け入れています。私は、農業は大きな可能性を持った産業だと思います。食肉加工は二次産業、飲食に展開すれば三次産業にもなる。さらには、この農業を通じて、悩みを抱える子供たちの教育現場にもなる。農業では手抜きが通用せず、自然と真正面から立ち向かう必要がある。それゆえ、人の生き方を軌道修正してくれる力がある。その意味で、私は常日頃から農業経営は『総合大学』だと考えているし、ここに来る子供たちにも常に伝えています」。人間が本来持つあり方、生き方というものを、文洋氏は、農業を通じて多くの子供たちに伝えてきたのである。

4 十勝「食」文化のさらなる発展に向けて

十勝に関する興味深いデータがある。左表は、一九八〇年から二〇〇五年までの国勢調査に基づく道内支庁別の人口動態である。北海道においては、道全体の人口はここ二五年間で殆ど変わっていないものの、札幌を中心とする石狩支庁への人口集中が急速に進んでいる。特に、道北の宗谷・留萌、道東の釧路・根室、また札幌圏にむしろ近い空知・後志における人口減少が目立つ。しかし一方で、十勝の人口を見ると、この二五年の間殆ど変わっていないことが分かる。人口の域外流出は、地域の衰退をもたらす主要因の一つである。「札幌圏に近すぎず、遠すぎず」といった地理的要因もあろうが、それだけが理由ではないようである。十勝には、そこに住む人びとが住み続けたいと思う、何らかの魅力があるのであろう。

十勝モンロー主義が市町村連携を生むとき

私は、まちおこしを推進・発展させていくための重要な要素の一つに「連携」があると考える。それは、あるまちにおける人と人との連携から、まちとまちとの連携にいたるまで幅広いものであるが、中でも市町村間連携は、それ自体が外部へのアピール材料になり得、マスコミ

表７―１　北海道支庁別人口推移

（単位：千人）

区分	1980	1985	1990	1995	2000	2005	05／'80
石狩	1,694	1,865	2,024	2,155	2,243	2,310	36%
渡島	511	506	483	474	465	449	−12%
檜山	74	69	62	58	51	47	−36%
後志	319	305	288	275	263	250	−22%
空知	489	466	420	405	387	366	−25%
上川	582	583	562	554	548	535	−8%
留萌	90	84	76	70	66	61	−31%
宗谷	106	101	93	86	81	76	−28%
網走	372	367	354	347	338	325	−13%
胆振	477	469	445	445	435	427	−11%
日高	103	100	94	90	86	81	−21%
十勝	354	362	356	357	358	354	0%
釧路	307	307	295	288	277	262	−15%
根室	99	97	92	89	86	84	−15%
札幌市	1,402	1,543	1,672	1,757	1,822	1,881	34%
北海道全体	5,576	5,679	5,644	5,692	5,679	5,628	1%

出所：国勢調査（1980～2005年）

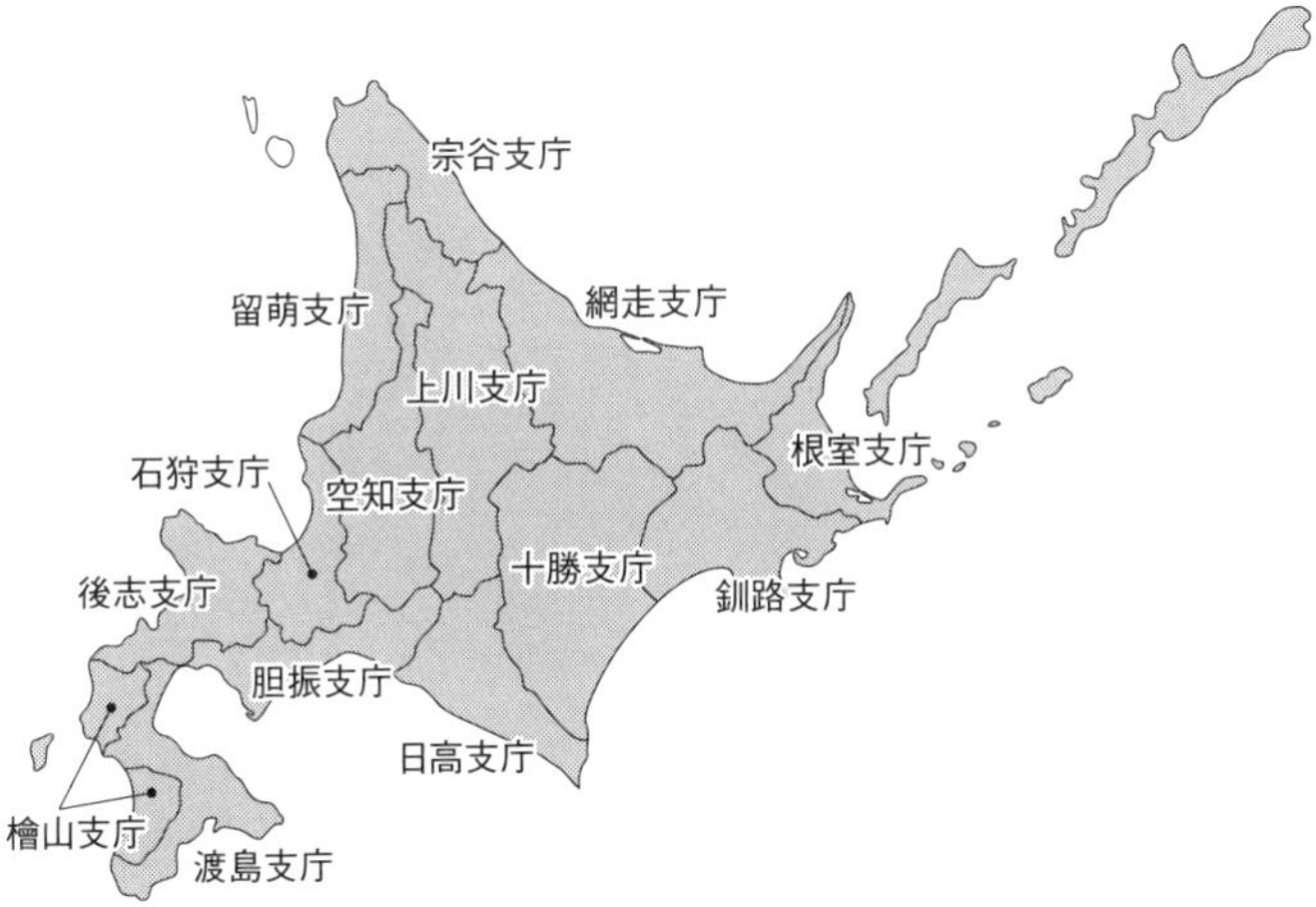

の注目を集める要素となり得る。しかし、市町村間の連携には多くの定義づけと莫大なエネルギーを必要とする。どこまでをまとまりのある地域とするのか、そのなかでどの市町村がどのような役割を担うのかを定め、その上で、各市町村のモチベーションを同程度に維持し、活力ある継続的な活動としていく必要がある。しかし、この一連の運動においては、短期的には必ずしも自らのまちにメリットがあるとは思えない努力も必要となってくるであろうし、モチベーションにギャップのある他のまちのために、一肌脱がなければならない時もあろう。しかし、そういった利他的な精神が功を奏し、それぞれのまちの思いが通じ合ったとき、そこには力ある地域間連携が産まれていくのだろう。

その意味で、北海道には多くの連携が成功するチャンスが眠っていると言える。それは、北海道においては、既に支庁という市町村よりも広い範囲のまとまりが人びとの間に与えられているからである。連携の単位として指標となる枠組みがある今、後はいかに各人が連携に向けた努力をしていくかという点にかかってこよう。こと十勝に至っては、「十勝モンロー主義」という言葉があるように、明治の開拓時代から受け継がれる「自主自立」の精神、「自己完結」への精神が根底に横たわっている。他地域への対抗心は強く、現に私が十勝の人びとと話をするとき、彼らは必ずといってよいほど、自分が十勝の人間であるということに言及し、札幌には負けないと語る人びとが多かった。先に述べた人口の話に関連するが、十勝には北海道の中でもとりわけ、自らの地域への愛情が強い地域性があるのだろう。今、このまちに住んでいることの喜びを、十勝の市民であることの喜びを感じることの出来る風土があるのであろう。その意味で、十勝は、市町村間連携によるまちおこしが発展するための格好の文化的土壌を有していると言えよう。

ビフトロ丼から始まる十勝B級グルメの連携

本章で紹介したビフトロ丼の活動を含め、チーズ、パン、ワインなど、十勝でこれまでなされてきた数多くの地域ブランド活動を見ていると、これら個々の製品を生産する各市町村が、自らの自治体だけの活性化を企図しているのではなく、むしろ十勝全体の活性化を主眼としているように思える。しかしそれは決して、自らのアイデンティティを後回しにしているのではなく、あくまで自らの独自性を保ちつつ、十勝全体の発展に寄与しようとしているのである。

これは実に魅力的なことである。市町村一つひとつだけをとれば、人口が五万人に満たない小規模自治体ばかりでも、それぞれが自らの独自性を保ちながら緩やかに連携すれば、色とりどりの個性がつまった集合体ができあがる。

十勝という連合体の中で、片岡文洋氏率いるビフトロ丼は十勝の食文化に新しい風を吹き込んだ。文洋氏の熱き思いが込められたビフトロ丼の盛り上がりを契機として、魅力ある個性がより多く現れ、結束し、互いに切磋琢磨し、十勝全体の食文化を活性化していってほしいと願う。そして、十勝が「食の産地」「農業のまち」として、日本における今後の「食」による地域活性化活動にとって、魅力あるモデル地域となることを期待する。

(1) 北の屋台街および農屋の取り組みについては、遠山浩「帯広市/北の屋台街―不思議な空間」(関満博・遠山浩編『「食」の地域ブランド戦略』新評論、二〇〇七年)を参照されたい。
(2) 富良野市による「富良野オムカレー」の取り組みについては、西村俊輔「北海道富良野市/「オムカレー」を通じたまちおこし」(関満博・古川一郎編『「B級グルメ」の地域ブランド戦略』新評論、二〇〇七年)を参照されたい。
(3) 十勝の農業関連データについては、十勝支庁ホームページ(http://www.tokachi.pref.hokkaido.lg.jp/)を参照されたい。
(4) 北の屋台のデータは、北の起業広場協同組合から頂戴した資料に基づくもの。出店屋台の顔ぶれ等については、北の屋台ホームページ(http://www.kitanoyatai.com/index.htm)を参照されたい。
(5) 大樹町の農業関連データについては、大樹町役場ホームページ(http://www.town.taiki.hokkaido.jp/)を参照されたい。

【付記】本執筆にあたっては、北の起業広場協同組合の久保裕史専務、また、帯広市商工観光武功業労政課・菅尾忠正課長に、インタビュー等々で多大なご協力をいただいた。心よりお礼を申し上げます。

第Ⅲ部　地元の材料で商品化

第八章　出雲あご野焼き／地域の伝統を活かす

尾野寛明

トビウオというのはダツ目トビウオ科に属する魚の総称で、日本国内に約三〇種が知られている。翼のような大きな胸ビレを持ち、水面から飛び上がって滑空することが大きな特徴である。島根県周辺では一般的にトビウオのことを「あご」と呼んでいる。

島根県は今もなお全国で有数の漁獲高を誇っており、本章で取り上げる「あご野焼き」などトビウオを原料とした優れた産品がある。一九八九年には、トビウオが県魚として選定されている。当時は、島根県のトビウオの漁獲高が全国一位であった(1)。

トビウオは六～七月には魚屋にも多く並び、刺身や焼き魚で賞味される。白身で上品な味とされ、加工品の原料としても多く利用される。あご野焼きが最も有名だが、近年はトビウオの頭と内臓を除去して煮た後乾燥させた「あごだし」も脚光を浴びつつある(2)。あごだしは煮干しと同じように、そのままあるいは粉末にして料理のだしをとるのに使われ、人気を集めている。その他、トビウオのくん製等の加工品も開発されている。

1　あご野焼きと出雲地方

このトビウオ（あご）をすり身にして焼き上げたのが「あご野焼き」だ。出雲地域では古くから名産品となっている。竹輪を太く長くしたような形状をしており、直径三～六センチ、長さ一五～六〇センチ、重さも三〇〇グラムから重いもので一八〇〇グラムにもなる。外観は竹輪のようであるが、肉厚があるため食感は板かまぼこに近く、「野焼きかまぼこ」と呼ばれる場合もある。年間を通じて生産されるが、漁期となる六～七月は特に旬とされる。

食べ方、名前の由来と製法

通常、これを輪切りにしてそのまま食べたり、わさび醤油につけて食べたりする。一説には包丁があたると味が落ちるため、輪切りにせず、手でちぎって食べるのが通の食べ方という話もある。

あご野焼きは、ご飯のおかずや酒のつまみとして、古くから親しまれてきた。また「お茶請け」「お茶口」として、野焼きやかまぼこを出す習慣がある。筆者も父方の実家が島根県松江市であり、昼下がりにお茶と野焼きが出てきた際には衝撃を受けた経験がある。

写真8―1　焼成機で焼き上げられていく野焼き（寿山商店）

「野焼き」の名の由来には諸説ある。店内に煙や熱気がこもるのを避けるため、野焼き台を軒先に置いて、外で焼いたことからついたものという説や、第七代松江藩主・松平不昧公による命名説が伝えられる。真偽のほどは不明である。

あご野焼きを作るには、まずアゴの頭や内臓、皮、骨などを取り除き、これを水にさらしてアクをとる。その後完全にすりつぶしてミンチ状にしたものを、酒やみりん、砂糖、塩、化学調味料などを加えながら練っていく。そして成形機を使い串へ巻きつけ、最後に焼いて完成となる。焼成中は、身が膨張して焼き皮が破れないように針を打つ。

技術者は少なくなったが、昔ながらの手付けによる肉付けも一部で行われている。また、焼成の熱源もガスがほとんどだが、炭火を使う業者も一部ある。針を打つ工程に関しても、昔は「突きたて」と呼ばれる太い針のついたブラシのようなもので行っていた。焼き加減を判断する役目も果たしていたが、現在は焼成機で一貫して行うことが多い。

工程としては一般のかまぼことほとんど同じであるが、焼き皮が形成されることから身の水分が蒸発しにくく、身がジューシーになる点が野焼きの特徴である(3)。

各店の腕の見せ所

そのような中で、毎日安定した同じ味を出すのが各店の腕の見せ所となる。季節により魚の種類も違えば、大きさ、脂ののり具合、価格も微妙に変動する。それらの組み合わせを考え、すり身の練り具合を確かめながら、調味料の加減を判断していく必要がある。焼き色は最後に火力を上げてつける。焼成工程の中でも最終の、ほとんど一瞬である。だがこの工程で焼き皮の厚さや身の肉質などが決まり、ここにも技術が求められる。

調味に使う酒は日本酒や焼酎がほとんどだが、出雲地方独自の灰持酒である「地伝酒」を使う店もある(4)。地伝酒を使うことにより柔らかく焼け、むらのない良好な焼き色が形成される。同様に、地元産ワインを使用した「ワイン入りあご野焼き」に取り組む企業もいくつか見られる。

2　集積の成り立ちと現状

島根県内の食品産業出荷額八〇〇億円のうち、およそ一割が水産練り製品によるものとされている。企業数は、大社地域で一四社、東出雲~松江~平田地域で約三〇社、雲南地域に一社ある。このうち約半数が、あご野焼きの製造を行っている。集積の成り立ちから現在に至るまでを簡単に列挙していく。

成り立ちから大量生産時代まで

練り製品および野焼きの製造は、江戸時代以前に遡る。地元で獲れる魚を利用し、領主などを対象とした高級食として普及したとされる。江戸時代以降、独特の文化を誇ってきた松平氏が本拠を構えてきたこともあり、主に冠婚葬祭の食材として普及した。

変化が訪れたのは昭和二〇年代。らいかい機、肉採取機、各種成形機、自動焼成機が導入されて大量生産化され、一般食品として普及した。特に野焼きの自動焼成機は、地元の機械メーカーと練り製品メーカーの連携により独自に開発された。以降、山陰独特の生産技術に基づいた製品開発が行われ、山陽地方への販売も促進された。

昭和四〇年代初頭には冷凍すけそうだらのすり身が開発され、安い輸入原料が多く使われるようになった。大量生産化はさらに進んだ。これまでトビウオ漁期の夏場限定製品であった野焼きも、冷凍すり身技術により通年で生産されるようになった。

横ばいの時代と、行政との連携

近年、ライフスタイルの変化に伴い、上昇を続けた生産量は横ばいとなっている。そのような中、出雲あご野焼きブランド確立に向け、練り製品組合と島根県とが協力し様々な取り組みが行われるようになる。

一九九一年には、地伝酒の製造が復活した。地伝酒は第二次世界大戦中から戦時統制により製造が中止されており、県の技術機関と県内の異業種交流グループとの研究開発により復活が実現した。地伝酒を使った昔ながらのあご野焼きを作る店も増えている。

一九九五年には県と関係組合の連携で水産練り製品製造業に関する大規模な産地診断が行われ、本格的な連携体制がスタートした。同年には「第四八回全国蒲鉾品評会」が島根県で開催されている。さらに一九九七年には県商工会連合会による水産練り製品製造業の活性化調査が精力的に行われた。以降練り製品組合、島根県、そして国立水産大学校による産学官連携の体制ができている。

二〇〇一年には組合が国の地場産業活性化事業の指定を受け、県と共同でさまざまな取り組みが行われた。「あご野焼き」を全国区の地域ブランドとすべく、ふるさと認証商品「Eマーク」の認定も行われている。さらに、練り製品事業者向けの流通勉強会や製品勉強会が開催された。大都市の展示会などにあご野焼きを出品するようになったのも、同年の取り組みがきっかけであった。この時期を境に全国区への本格的な知名度向上が図られることになった。

前浜への回帰

近年、BSE問題をきっかけに欧米で白身魚の需要が高まり、輸入すり身が価格の上昇を続けている。その他の原材料価格も上昇を続けており、各社とも厳しい状況が続く。

そのような中、ついに輸入すり身の価格と、地元の近海（前浜）で上がった魚をすり身にした場合の価格が、さほど変わらない状況が訪れようとしている。輸入品がまだ安い状況には変わりはないが、「前浜であがったものを選んでも差し支えない価格差になりつつあるため、原料の地元回帰が進んでいる」という。地元の漁業を保護するためなら、少々の価格差は気にしない。地縁を大事にする出雲気質ならではの動きが起きている。

3　奮闘する企業と人びと

今回、東出雲町の二社と、出雲市大社町の二社に取材の協力をいただいた。いずれも個性的な四社だ。それぞれが独自の信念を持ち、日々、さまざまな取り組みを重ねている。本節では、そんな経営者たちの姿と、各社の取り組みを採り上げていこうと思う。

(一) 大社の文化を継承し、地元に貢献したい：岩永邦商店

年間二〇〇万人以上の参拝客が訪れる出雲大社の門前に、五〇〇メートル以上にわたって直線に延びる通称「神門通り」。そこから脇へ入って間もないところに岩永邦商店は立地している。創業五〇年。地元の高校を卒業後、二代目として家に入った岩永邦夫社長は現在六〇歳。まだまだ現役であり、現在は島根県東部地区の水産練り製品組合長も務める人物である。

主力生産品は、あご野焼きだ。名物は全長四四センチもある「長野焼き」である。それ以外にも大中小様々なサイズの野焼きを用意しており、真空・生の二種類を提供している。真空パックは風味が若干落ちるが、一カ月くらいはもつという。アゴのすり身を七割以上使用しており、残りは輸入のタラすり身を使っていたが、近年は大社沖で獲れた鯛やアジといった地魚

を使用している。

さつま揚げも人気商品だ。ごぼう、チーズ、ウィンナーなど多種類そろえている。すべて手づくり、あえて形もいびつなままにし、手づくり感をアピールしている。こちらも近海ものの鯛のすり身を入れている。地域に御用聞きをして回り、受注から二日くらいで届けている。生協で発注すると大体一週間はかかるものを、フットワークで差別化をはかっている。

婚礼用「細工かまぼこ」の技術と文化

もう一つの主力が細工かまぼこだ。細工かまぼこは、古くから出雲地方で婚礼や紐落としなど、ハレの日の膳に欠かせない。結婚式になると、鯛や鶴亀、松竹梅などのおめでたい模様を描いた細工かまぼこが引き出物として振舞われた。引き出物の重箱に山のように盛られた細工かまぼこは、さらに隣近所にお裾分けをすることで福を分け与えるという習慣がある。配られることで「あそこの家に嫁さんが来たか」と知れ渡るという役割を果たしているという。

作り方はすべて手作業。すり身を型抜きし、その上にしぼりを使って彩色したすり身をのせて模様を描く。みな好んで挑戦するため、若い従業員でも模様は描けるという。利益率は非常に高く、時には「明日一五〇人分を作ってくれないか」などという注文が入ることもある。

ただ近年は紅などの合成着色料を敬遠する傾向にあり、また若い人の結婚式のスタイルの変化から、「引き出物にかまぼこ」というニーズが少なくなってきている。しかし着色料を気にしない地元からの引き合いはいまだに多い。現在は細々とやっているが、大社門前町独特の文化を発信していく方法を模索中である。

脱・輸入すり身、なるべく地元産を

創業当初は冷凍設備などもなく、大社の前浜でとれた魚をすり身にし、かまぼこ・野焼きを製造して周辺の小売店へ納品していただけであった。

しかしスーパーなどが一般的になり、売り方も変わらざるを得なくなる。バイヤーの要求に応えるためにコストダウンを余儀なくされ、欠品が許されなくなった。そこで質を犠牲にして輸入のすり身に頼るようになる。もちろん、加工場にバイヤーが出入りするようになり、手袋ひとつまで衛生面に気を使うようになったなどの側面はあった。だが、年々地元の漁業者が減っていくのを見ると寂しさも感じていた。

ただ近年は、BSEの影響によりヨーロッパで魚が好まれるようになり、スケソウダラの値段も上がっている。キロ三〇〇円台だった輸入の冷凍すり身は、今や倍以上。大社の前浜であがった鮮魚をすり身に加工して用いても、値段に差がなくなってきている。

今ならまだ何とか、昔から漁業を営んできたおじいさん世代が残っている。なるべく前浜であがった鮮魚を利用し、胸を張って「大社産」といえるものを提供したい。さらに地元になる

べく貢献することで、かつての賑わいを復活させるために力になりたいという。

あご野焼きの認知度向上に向けて　かつては大都市に営業に行くと「ちくわのお化け」などと揶揄されたり、「トビウオって食べられるの?」といった反応をされたりと、認知度は散々であった。だが一九九〇年代後半から、島根県と共同で積極的に物産展に出展するなどの取り組みが功を奏し、徐々にあご野焼きの認知度は高まってきている。岩永邦商店では、特に東京・神奈川方面への通販が好調であり、よい値段で出せている。

写真8―2　取材中もお茶と一緒に、あご野焼きを勧められる

これからは包丁を使わない若者の食文化にあわせ、冷蔵庫から取り出して気軽につまめるスタイルなども提案していきたいとのことであった。

(二)　徹底的なこだわり志向で根強い人気：石鹿商店

石鹿《いししか》商店の創業の詳細は定かではなく、一九〇〇年前後から東出雲の地で家業として練り製品を手がけていたという。それを世に知らしめたのが先々代の石原鹿之介氏であり、一九二一（大正一〇）年に石鹿商店としてスタートした。創業以来、手間を惜しまず、良いものだけを提供するという考えを三代にわたり守り抜いてきた。大量販売はせず、技術力と手間だけで勝負し、顧客の信頼を獲得してきた姿がそこにはある。

三代目の石原正一氏（四一歳）が、現在、専務として奮闘している。広島で会計の専門学校に通った後、そのまま広島のかまぼこ屋へ三年間の修業に入った。そこで包丁の使い方や細工かまぼこの技術など一通りのことを学んだが、それでも家業へ戻ったときにはそのあまりの違いに驚いたという。技術はまた一からやり直しであった。

他には真似できない「手間と技術力」　石鹿商店の特徴は何といっても、「手間をかけること」、そして「熟練の技」。すり身を作る工程だけでも通常の倍以上の人員が付きっきりとなる。魚の内臓を落とすのも手作業である。魚の脂取りである「さらし」の工程では、魚ごとにその程度を微妙に調節していく。季節ごとに変動する魚体の大きさ、脂の乗り具合などを加味する。さらに季節ごとに魚の種類が違ってくる中で、同じ味を出していくために組み合わせ方も考えなければならない。これらが非常に大きな手間となる。小骨取りも丁寧に行う。

写真8—3　練られてゆくすり身

これらを省略することは簡単であり、このような工程をできるだけ簡素化してしまう業者は多い。だが石鹿商店ではこのような手間をなるべく惜しまないようにしている。

生と冷凍すり身の配分は六対四くらい。時期によっては七対三くらいのときもあるという。こうなると大量生産はできないし、拡張することもできない。だがこのような工程を経て「他のものは食べられない」と言わしめる商品が出来上がるのだ。

純あご野焼き　そんな石鹿商店の究極のこだわりがある。生のトビウオが出回る六〜七月、あご野焼きが、一年で一番おいしくなるシーズンのみ限定生産する「純あご野焼き」だ。他のすり身を混ぜず、トビウオのみを使用。つなぎも少なめの最上品である。一般的にトビウオの配合率が高くなると、野焼きは黒ずんでしまう。だが「企業秘密」といういくつかの工程を経て、黒くならない野焼きができあがる。もちろん無漂白だ。

注文の増える盆前までは作って欲しいと言われるが、冷凍になってしまうため作らない。売れることはわかっていても、旬のときだけの限定品だ。値段も高くなってしまうが、この時期をめがけて全国から注文が来る。

そんな石原氏であるが、あくまで受け継いできた技術を守っていくのが基本方針だ。県内の目の届く素材で、品質を落とさずにやっていくという。かまぼこ・野焼きは、これからは高級品になると予測する。氏も二世代くらい先の超高級品かもしれないというが、「純無添加かまぼこ」「純無添加野焼き」をやってみたいとのこと。高い技術力と、手間を惜しまない心で、挑戦は続く。

㈢ 開拓路線で積極的に裾野を広げる：寿山商店

東出雲町の寿山《じゅやま》商店は、積極的な商品開発、販路開拓を行っている。一八八七（明治二〇）年に魚問屋として創業し、一九六九年からかまぼこ製造を手がけた。社長の寿山誠司氏で四代目になる。老舗として築き上げてきた地位にとどまらず、女性・子供をターゲットにした新市場開拓を目指す。

気軽に手に取れるスタイル：鬼太郎かまぼこのヒット

鳥取県境港市出身の漫画家、水木しげる

氏にちなんで発売した「鬼太郎かまぼこ」が近年の人気商品である。境港市の商店街活性のために一役買おうと同氏の事務所に許可を取って開発した。当初同商店街や米子空港に並べるだけの商品であったが、あっという間に取り扱いが広がり、ヒット商品となった。

最初の発想は人気にあやかろうというものではなく、「気軽に手にとって食べられるかまぼこを作りたい」という商品開発のコンセプトであった。子供は冷蔵庫を開けて魚肉ソーセージを気軽に手に取る。だが同じ原材料なのに、かまぼこにはそのような光景は見られない。かまぼこの消費量を増やすために、気軽に食べられるようなものを開発できないか。そんな発想から生まれたのが鬼太郎かまぼこであった。

気軽に手に取れるように、様々な工夫を凝らした。竹串にさし、片手で食べるアイスのようなスタイルをとった。そしてフィルムから取り出せば包丁を使わずにそのまま食べることができるようにした。表面にはアニメの妖怪たちが焼印でプリントされており、陳列の中でもひときわ目を引くように作ってある。キャラクターは大人も子供もみんな知っている「妖怪」。そんな一貫した商品コンセプトが成功した。

境港の「水木しげるロード」は二〇〇七年には来場者数百万人を突破しており、人気はまだ衰えない。そんな追い風を受け、鬼太郎かまぼこもまだ売り上げは伸びるだろうと見込んでいる。

老舗の看板にとらわれない自由な発想

かつては「かまぼこ＝ごちそう」であった。だが今はそうではない。若い人からの支持が得られないと沈み行く一方だ。老舗のブランドにあぐらをかいて、「寿山商店のあご野焼きです」と野焼きを丸々一本ドカンと置いても、もはや売れない。かまぼこは料理ではなく「惣菜」として見なければならない。そこには、「山陰のアゴを何とか全国区に送り出したい」という熱意がある。

写真8—4　寿山商店の「鬼太郎かまぼこ」

写真提供：大漁市場なかうら

小さくカットしてマヨネーズをのせて「焼くだけで食べられる野焼き」や、「野焼きシュウマイ」「野焼きギョウザ」といった商品開発も行っている。時には周囲から「そんな商品はアウトローだ」と批判もされる。確かに本来は地元に支持されるものを作らなければならない。だがこれからは「料理の一部」としての存在になる必要があると力説する。

専門の開発担当も設けていない。担当を設けると、どうしても「自社の設備がこうだから…」とか、「売れるか、売れないか」といった視点で考えてしまうから、というのがその理由だ。その代わり各セクションの代表が集まり、知恵を出し合っている。通常は思いつきもしないような発想が生まれてよいという。

工場内も、少量多品種生産への対応のために、若い人を積極的に活用している。機械化されているとはいえ、人に頼る部分は大きく、そのためにも若い人が中心になる。今後は関西方面への販路開拓を強化していく方針だ。老舗の看板にとらわれない、自由な発想で、「山陰のアゴ」を全国に発信しようとしている。裾野を広げる役割を果たしたい、という寿山商店の一貫した姿がそこにある。

㈣ 県の取り組みと同調し飛躍：出雲国大社食品

大社食品は、大社の前浜沿いに立地しており、出雲大社から西へ数キロのところにある。一九六三年創業と、今回取り上げてきた中では比較的新しい企業である。だが、三浦屋、紀ノ国屋、シェルガーデン、伊勢丹など、関東方面の高級スーパーへ販路を開拓し、健闘している。

変遷の連続　当初は浜田～境港周辺で当時よく水揚げされていたアジを中心にかまぼこ製造を手がけていた。周辺では初めて真空パックの野焼きを製造し、これがヒット商品となった。

一九七〇年前後から本格的に冷凍すり身へと切り替わり、地元産原料が少なくなる。一九七五年には日本水産の下請けに一旦入り、ちくわ・揚げ物中心の生産となった。創業からしばらくは変遷の連続であった。

現在社長の山崎茂樹氏が家に戻ったのが一九八三年。日本水産ブランドでの生産が徐々に減ってきており、氏が戻ったのをきっかけに自社ブランドを本格的に手がけるようになった。

県の取り組みに積極的に参加

当初は生魚を使った商品開発を行う程度だった大社食品に、本格的な変化が訪れたのが一九九五年であった。出雲周辺地域の練り製品組合が国の地場産業活性化事業の指定を受け、島根県庁や周辺機関が地域ブランド活性のために動き始めた。山崎氏も「ちょうどよいタイミングだ」と思い、積極的に勉強会に顔を出した。

販路開拓に問題意識を持っていたため、市場調査部門のリーダーを買って出る。部門のメンバー全員が「何とか都会に売りに行かねばならない」という問題意識を共有しており、消費者懇談会や市場関係者へのヒアリングなど、精力的に動き回った。東京の大手居酒屋チェーンも訪問した。とにかく一つひとつのつながりを大事にしていった。これらの活動の結果、方向性とターゲットが明確になっていった。活動を通じて得られた意見を元に、地元の魚を使った無添加野焼きなど、新商品も完成させていった。

ゼロからはじめた東京方面の開拓は、高級スーパーを中心に販路を広げ、現在、売上の二五%を占めるまでになっている。大阪方面にも約一〇%出している。もちろん全体の売上は下請け時代の最盛期にはまだ及ばない。だが、ほんのわずかなきっかけを大事につないでいった成果は、着実に実を結びつつある。

従業員を引っ張る、社長の背中

これから先の方向性に関しても、非常に悩んでいるという。ただ、トータルは先細りだとしても、狙えていないターゲットは東京を中心にまだまだある。考えた先には必ずある、と思うようにしている。激しい競争の中で、大きくは儲けられないが、いかに適正利潤を追求していくかがポイントと見ている。下手に手を出さず、淡々と、今あるつながりを大事にしていく方針だ。

最初話を聞いたときには非常に思慮深い社長であるという印象を受けたが、現場に足を踏み入れるなり様相は一変した。取材の案内中であっても、現場の工程で気づいたことがあればすぐに歩み寄って指摘する。目に付いたことは瞬間に言う主義だといい、時には大声を張り上げる。絶対の信念で従業員を引っ張っていく。そんな実に頼もしい社長の背中であった。

4　次世代につながるもの

依然厳しい状況には変わりがないが、このような状況の中、各社さまざまな取り組みを行っている。地元を大事にする思いで突き進む経営者がいれば、徹底的なこだわり志向で日夜奮闘する経営者もいる。裾野を広げたいという熱意で突き進んだ経営者がいれば、県の政策に乗って飛躍した経営者もいる。

原材料の高騰、ライフスタイルの変化など、かまぼこ・あご野焼きを取り巻く環境は依然として厳しい。だがその中で独自の取り組みで奮闘する経営者たちの姿がそこにはあった。巷では「先細り」といわれる業界であっても、ただの生き残りをかけた取り組みではない、次世代につながるものが作り出されている。ここから得られる示唆は大きいのではな

写真８―５　現場で直接指揮にあたる山崎茂樹氏（右から２人目）

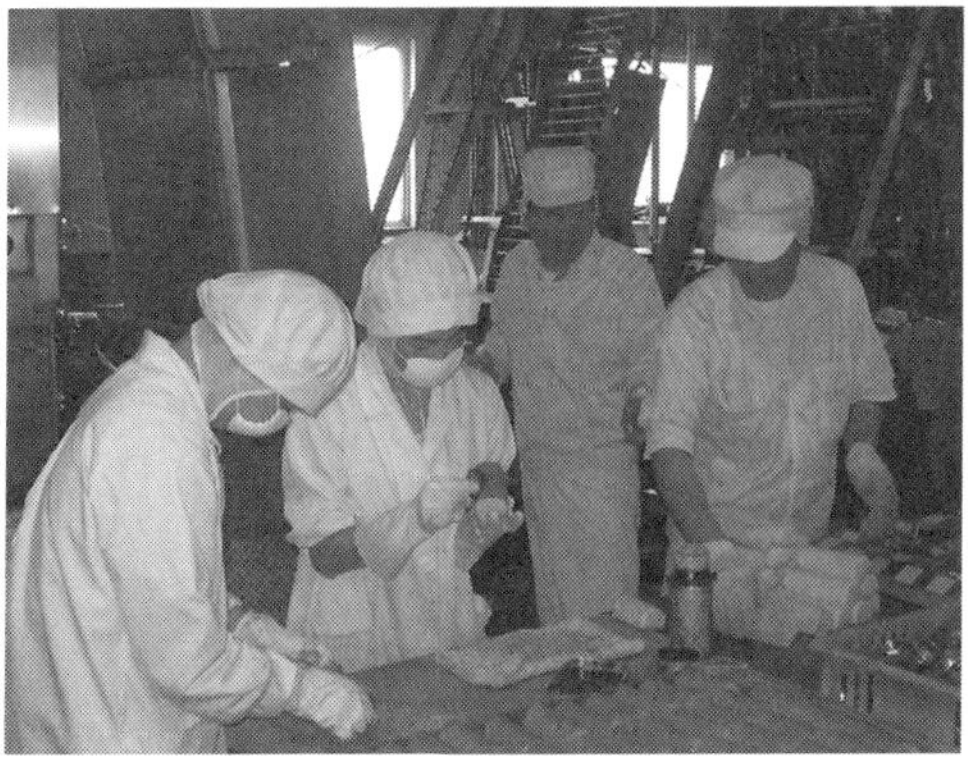

いだろうか。

(1) あご(トビウオ)に関する全般的な情報および、島根県魚制定に関するいきさつは、島根県水産課ホームページ http://www2.pref.shimane.jp/suisan/tobi/2d-tobi.html を参照されたい。

(2) あごだしの取り組みに関しては、隠岐の島町の「隠岐の島作り株式会社」の取り組みが有名である。尾野寛明「離島の産業と政策」(関満博編『地方圏の産業振興と中山間地域』新評論、二〇〇七年)を参照されたい。

(3) 野焼きの名前の由来、製法、製造の実際に関しては、福田裕・岡崎恵美子・山沢正勝『全国水産加工品総覧』光琳、二〇〇五年、第五章における「野焼」の項目を参照されたい。また同項目の執筆者でもある島根県産業技術センター生物応用グループ主任研究員・永瀬光俊氏には、本章の執筆にあたってさまざまな助言をいただいた。

(4) あご野焼きの製法と地伝酒に関しては、島根県『島根PR情報誌 シマネスク』第二四号、一九九七年秋、が詳しい。

【付記】本稿の執筆にあたっては、島根県産業振興課の川本ゆかり氏に多大なご協力をいただいた。この場をお借りして感謝の言葉を述べさせていただきたい。

第九章　糸満海人かまぼこ／沖縄の漁業のまちの取り組み

崔　珉寧

1　地域ブランド「糸満海人かまぼこ」の誕生

二〇〇七年一一月一七日、沖縄の夏の暑さがまだ残る秋のある土曜日、沖縄県糸満市西崎町に位置する「ファーマーズ・マーケットいとまん・うまんちゅ市場」に約二〇〇〇人の人びとが集まった。うまんちゅ市場とは、沖縄県の南部に位置する糸満市の公設市場であり、この地域で生産された新鮮な農産物を、直接消費者に届けようとする目的のもとに作られた共同販売施設である。この市場には、二〇〇二年一一月二三日のオープンから、七一〇人のファーマーズ生産会員が参加している。二〇〇四年は約五億円の売上高を達成するなどと、地域の活性化への大きな期待が寄せられている場所なのである。「うまんちゅ」とは、「みんなの」という意味の沖縄方言である。地域住民の地域活性化の思いが込められているこの市場には、毎日のように新鮮な地域の農産物が並べられる。たとえば、ゴーヤー、オクラ、野菜パパイヤといった野菜と、マンゴー、パイナップル、パッションフルーツ、ドラゴンフルーツ、フルーツパパイヤ、スターフルーツといった果物である。いずれも、沖縄県および糸満市の魅力的な特産物である。

　しかし、一一月一七日のこの市場で注目を集めた、また、多くの人びとが目当てとしていたものは、右にあげたような新鮮な野菜と果物ではなかった。この日の主役は、これまで糸満地域の特産物として日本全国はもちろんのことながら、沖縄県内でもその認知度が低いかまぼこであった。また、この市場で行われ多くの人びとの関心を集めたイベントこそ、「第四回糸満 海人《うみんちゅ》かまぼこフェア」であった。

図９—１　「糸満海人かまぼこ」ブランド

資料：糸満市商工会

　日本全国の多くの地域は、地域活性化を図って豊かな地方圏を形成しようと、多くの努力を積み重ねている。沖縄県においても、このようなまちおこし活動は、例外ではない。特に、観光産業を背景として発展を続けている沖縄県の中部地域と北部地域に比べて、その成長のスピードが遅れていると指摘されている南部地域は、現在、この遅れを取り戻すと同時に、より魅力的なまちを形成しようと、行政と民間企業および地域住民が一体となって、地域活性化に取り組んでいるのである。中でも、ここ数年間の糸満市の活動は注目を集めている。

この沖縄県南部地域の糸満市における地域活性化のフラッグシップをとっているのが、まさに、先述した「第四回糸満海人かまぼこフェア」であり、また、「糸満海人かまぼこ」という地域ブランドである。また、二〇〇七年こそ、これまでの数年間の地道な準備作業を経て、ようやく一つの地域ブランドが誕生した年であり、多くの関係者が待ち望んでいた地域活性化と地域発展のスタートポイントであろう。海の町として、また、漁業の町として長い歴史をもつこの地域で、古くから守られてきた地域の伝統と文化を継承しながら豊かな生活をしたいと願う多くの地域住民の期待が、少しずつその形を現した時期である。

本章では、沖縄県の糸満市の「糸満海人かまぼこ」ブランドを対象として、いかなるプロセスを経て地域を代表するブランドが形成されてきたのかを、行政と民間企業および地域住民のそれぞれの視点から考察することにしよう。これらのプレーヤーは、それぞれいかなる問題意識と制約条件をもち、また、いかにしてこれらの難題をクリアしてきたのか、さらに、これらの戦略的な行動からどのようなインプリケーションが導かれるのかを考察することにしよう。

「糸満海人かまぼこ」という地域ブランドの形成は、人口わずか五万人という地方の小都市で行われた取り組みではあるものの、同様な問題意識と課題をもつ全国のほかの地域にとって、何らかの有効な知見を与えてくれる事例ではないかと思う。これから、主に行政と地域住民、そして民間企業の視点からブランド形成プロセスを考察することになるが、その前に事前知識として、次節では、事例分析の背景となる糸満市の概観と歴史的展開を考察することにしよう。

2　糸満市の概要と歴史的背景

沖縄県那覇市に位置する那覇空港から国道三三一号線を車で一五分ほど南下すると、沖縄本島最南端に位置する糸満市が現われる。南部を訪れる多くの観光客は、糸満市の西海岸から八《や》重瀬《えせ》町の東海岸へぐるりと回る国道三三一号線を利用するか、もしくは、市のやや中心を通る県道一一号線を利用し、糸満市内へと足を運ぶことになる。この那覇空港から糸満市への交通アクセスは、二〇〇七年に開通した国道三三一号バイパスによって、さらに容易になった。糸満市の北に隣接している豊見城《とみぐすく》市の美しい干潟を眺めながら、一〇分ほどの車移動で着くことができるようになった。糸満市の市民および行政関係者の多くは、このバイパスの開通に多くの期待を寄せている。沖縄の玄関口であり、多くの観光客が到着する那覇空港からの交通アクセスがより便利になることは、これからさらに多くの観光客が増え、地域経済がさらに活性化するだろうという期待につながる。

ここでは、糸満市における地域ブランドの創出プロセスと、中心的な役割を果たした個別の企業事例を考察するが、その前に、この地域の概観と歴史的背景を考察することにしよう。本格的な地域ブランドの第一号として、かまぼこという製品がとりあげられたその背景には、漁業を中心とするこの地域の産業構造と、海と深い関わりをもちながら発展してきた長い歴史が存在する。さらに、旧暦の年中行事といった、古くから守られてきた伝統を維持していきたいという地域住民の願いも、このかまぼこというブランドに込められている。これらの文脈を深く理解するためにも、少し地域の歴史にふれておこう。

糸満市の歴史的背景

糸満市は、一九六一年に一町三村の合併によって糸満町となった。その後、一九七一年一二月一日に、沖縄県の第一〇番目の市として糸満市が生まれることとなった。現在の糸満市のもとになった一町三村とは、それぞれ、糸満町の一町と、兼城村、高嶺村、三和村の三村である。最後の三和村は、一九四六年四月に、真壁村、喜屋武村、摩文仁村の三村の合併によって生まれた。(1)

糸満市は、市内に数多くの歴史的な遺跡が残されている。貝塚をはじめに、グスクと御獄《うたき》といった遺跡がそうである。このような歴史的な遺跡からも容易に推測できるように、この地域の歴史は非常に長い。糸満市の歴史をさらに遡り、地域形成の歴史的なプロセスを考察することも必要であると思われるが、ここでは紙面の制約から省略することにし、地域活性化活動に必要とされることに焦点を当てることにしよう。ただ、「海の町」と呼ばれているように、古くから海と漁業に深く関連してきたことだけは採り上げておこう。

糸満地域の祖先は、中国明朝との貿易を活発に行いながら、文物をこの地域にもたらした。古くまた、これらの貿易をベースにしながら、地域独自の文明を築き上げた。多くの祖先は、古くから農業と漁業を営み、多くの村をつくり繁栄させてきた。中でも、糸満といえば多くの人びとが漁業の町として認知しているように、漁業の発展は目覚しいものであった。糸満漁夫といえば、海との関わりが非常に古く、勇壮にして独特な追い込み網漁法（アギヤー）で海外に雄飛したことで、よく知られている。最近のメディアでも、この地域の産物であるいくつかの漁業の道具が紹介されている。たとえば、一八八四（明治一七）年に「糸満のエジソン」とも言われている玉城保太郎が発明した「ミーカガン」がそうであろう。水中眼鏡であるこのミーカガンの発明は、追い込み網漁法の発達に大きく貢献した。また、舟底に溜まった垢（海水）を汲み出す漁具の「ユートゥイ」ももう一つのこの地域の高い漁業技術を示すものであった。ミーカガンが考案された後でも、サバニという漁船が剥舟に改良され、漁業はよりいっそう発展するようになった。

このようにして獲れた魚は、主な消費地である那覇などに運ばれる。かまぼこの企業事例で後述することになるが、糸満主婦を意味する「イチマンアンマー」もしくは「糸満アンマー」と呼ばれる奥さんたちによって、獲れた魚は、那覇などで販売され家計の収入となるのであった。糸満アンマーは、獲ってきた魚を一手に引き取り、那覇までの一〇キロを越える距離を歩きながら、頭上に乗せた魚を売ったのである。古くから糸満地域の女性たちが力強く、さらに、長期的な視点から家計をマネジメントできる能力ももっていたのは、このような長い歴史がその背景にあったからであろう。地域の発展において、多くの糸満アンマーが関わってきたことは、後述する企業事例でも確認することができる。

以上でみてきたように、糸満市は古くから海と漁業との深い関連を保ちながら、海の町として発展を重ねてきた。ここからは、糸満市と昇格した以降の糸満市の状況を人口の推移からみることにしよう。

糸満市の魅力度の低下

糸満市の人口は、市制が施行された一九七一年の約三万四〇〇〇人から、二〇〇八年二月末現在の五万七七七四人へと、比較的順調に増加を続けてきた。ここ十数年間の推移をみると、一九八五年の四万六九〇六人、一九九〇年の五万一〇〇五人、一九九五年の五万四五一五人、二〇〇〇年の五万六二七九人、二〇〇五年の五万七五一三人と、順調な増加傾向を示している。人口の推移は、現在の毎年数百人の規模で増加を維持しているものの、より詳細に分析すると、まったく異なる現状が見えてくる。単純な人口の合計は、増加しているように見えるが、実際は、出生と死亡の差である自然動態の増加が著しく伸びているのであり、転入と転出の差である社会動態は、一九九五年以降、一貫して減少を続けている。最もこの規模が大きかった二〇〇二年は、二三九人の減少が起きていた(2)。

より分かりやすい統計データを用いて、考えてみよう。出生と死亡、転入と転出をすべて一日単位で計算し直したものである。これによると、一日の出生は一・九六人であり、死亡は〇・九九人である。しかし、一日の転出は八・五二人と、七・七五人の転入をはるかに上回っている。沖縄県の全体の人口推移をみると、ここ数年の間は、沖縄ブームの影響もあり、年間数万人規模で人口が増え続けている。出生率の高さという自然増加ももちろん存在するものの、県外からの移住者の増加も目立つ。

このような変化の中にいながらも、糸満市への移住者はむしろ減少している。この背景にあると思われる要因が、糸満市における産業発展レベルの低さであり、町における魅力度の低さであろう。沖縄県の県民において、決して少なくない比率の人びとは、年間六五〇万人ほどの観光客から成り立つ沖縄観光産業に依存している。にもかかわらず、糸満市は、那覇空港からの所要時間が一〇~一五分という非常に有利な所に位置しながらも、観光産業を発展させることができなかった。次節では、このような観光産業の現状を中心に、地域ブランドが形成された行政からの要因を考察することにしよう。

3 「糸満海人かまぼこ」ブランドの創出

「一万円かまぼこ参上」という記事が、二〇〇七年一一月一四日の『琉球新報』という地域の新聞に掲載され、この時期の地域の話題となった。一一月一五日の「かまぼこの日」に合わせ、一一月一三日に呉屋泰明糸満市商工会会長をはじめとする行政および企業関係者は、県庁にて記者会見を行ったのである。一一月一五日が「かまぼこの日」となった由来はいくつかあるが、その中の一つは、平安時代の古文集の記録によるものである。初めてかまぼこが記録に登場したのが、永久三年のことであり、これを西暦に置き換えると一一一五年となる。このことから、一一月一五日をかまぼこの日とし、販売促進活動を行っている(3)。このかまぼこの日にあわせて行われた県庁の記者会見の内容が、糸満市の地域ブランドの誕生であり、次節でとりあげる、「ボーボー屋かまぼこ」から一万円の高級かまぼこが製品化されたことであった。

これでようやく数年間にかけて行われた行政と企業関係者のむらおこしと地域ブランド事業

推進努力が、成果として実ることができた。これからより現実的な課題として、ビジネスプランの精緻化と販売促進の拡大、組織基盤形成、さらに製品の改良作業といった気の遠くなるような多くの作業が残されているものの、これまでの念願であった地域ブランドが誕生したのである。しかしながら、このように地域ブランドを関係者が一体となって積極的に立ち上げようとしたその背景には、いくつかの大きな危機感と問題意識が存在する。ここでは、行政側からみた糸満地域の課題と問題意識に焦点を当て、ブランド事業達成へのプロセスを見ていくことにしよう。

「素通り観光」と呼ばれる糸満市観光産業

ブランド事業の中心的な役割を果たした推進委員会の委員長である伊敷豊マーケティング・コンサルタントは、「糸満市には年間一〇〇万人以上の観光客が訪れるが、大体が摩文仁、ひめゆり塔の戦跡地へ直行で、糸満市街地は素通りとなっている」と糸満観光産業の現状を述べている(4)。また、糸満観光産業に詳しい糸満市商工会の玉城直樹経営指導員は、「糸満へ観光に来る人は、慰霊目的で来る人が多い。慰霊だけの観光客になってしまうと、素通り観光が目に付いてくる。これを脱却するための特産品を作って、観光客の足を止める場所を作ろうとして努力している」と述べている(5)。

沖縄県は、南国のリゾートといった地理的な有利性から、地域経済の多くが国内観光客による観光産業に依存している。とくに、中部と北部地域に展開されている数多くの観光リゾートは、ここ数年間の沖縄観光ブームの影響を享受しながら、着々と発展を重ねている。また、このような観光産業の拡大を背景に、いくつかの地域でむらおこしを達成しつつある。たとえば、中部に位置する人口三万人ほどの小さな読谷村は、冬の時期に、暖かい気候と豊かな自然、高いサービスレベルのリゾートホテルを目当てとして訪れる中高年層の観光客を対象とした、焼き物の産業で地域活性化を達成している。努力の成果、オフシーズンに当たる冬の時期に、数万人規模の観光客がこの村に集まるなどとの快挙を成し遂げている(6)。以上のように沖縄県のいくつかの地域は、観光産業をベースとした目覚しい発展を成し遂げているにもかかわらず、那覇市を基点とした南部地域は、比較的に遅れをとっているのである。

このような地域の観光産業の遅れに対して西平賀雄糸満市長は、「私は、南部観光が北部に遅れをとっている要因の一つとして『道の駅』だと考えています。そこで、南部観光を活気づけるためにも『道の駅』は必要だと考え、南部国道事務所に要請しました。糸満市は西崎と糸満観光農園の二カ所を要請しています。平成二〇年中のオープンを目指しているのが西崎地区に建設される『道の駅いとまん（仮称）』です」とその問題点を指定しながら、対応策を展開している(7)。

このように糸満市と地域住民が総力をあげて観光産業のハード面の基盤づくりを行っているのは、これまで中部と北部に比べると明らかな観光産業の低迷があったからである。地域住民は、糸満市の観光を「素通り観光」と指摘しながら懸念している。沖縄県に入る観光客の数は年間六五〇万人ほどであることは、先述したとおりである。この観光客の中、約一〇〇万人がここ糸満市を訪れる。中部と北部と比べると決して高い数値ではない。さらに、地域の観光産業をより悪化させるものこそが、この「素通り観光」である。南部にある平和祈念公園とひめゆりの塔といったいくつかの有名な戦跡に訪れた後、多くの観光客はそのまま中部と北部へと移動するのである。このような大きな課題を克服するために、糸満市は現在、「三三一号線バイパス」「美々ビーチいとまん」「糸満フィッシャリーナ」に続いて、本島中南部最大規模のリゾートホテルと、先述した「道の駅いとまん（仮称）」というハードを整備しているのである。

ソフトの面の基盤づくり

比較的に低迷を続けている糸満市の観光産業を活性化させるためには、先述したようなハードの面の基盤整備も大事なことであるが、これと同時にソフトの面の強化も進めなければならない。「機能」というハードの面は欠かせないものではあるが、今のマーケットは、機能に劣らぬくらいの「良さ」というソフトの面を要求している。その地域ならではの歴史と文化といったコンテンツこそが、商品の魅力を向上させ、消費行動に結びつける。糸満市の関係者は、ハード面の整備を行うと同時に、いち早く「良さ」という高付加価値を実現できるようなソフトの面のサポートを準備してきたのである。

ソフトの面の強化のために取り組んだ事業こそが、糸満ブランド事業であり、この最初の成果が、今回の「糸満海人かまぼこ」地域ブランドであった。この事業は、二〇〇五年に「むらおこし等活性化事業糸満ブランド事業」として本格的に推進されることになるが、それ以前からも地域ブランド形成への関心は高かった。これらの一連の事業の中心的な役割を果たしたキーパーソンが、赤嶺治夫糸満市商工会事務局長であった。赤嶺事務局長によると、「以前から市民会議などをつくって市民の知恵をしぼり…（中略）…糸満市の製品の種類はいろいろあるが、なかなか糸満という名前が前に出てこない。こちらで作られたものは、中部と北部、離島に多く売られているが、なかなか糸満市との一体感がとれていない。そういっ

写真９―１　一万円のかまぼこ

資料：糸満市商工会

た意味でのかまぼこというのは、糸満を連想するようなものであろう…（中略）…かまぼこのみを売り出すための事業ではなく、糸満というブランドを売り出すための事業である。かまぼこブランドはその第一歩であった」と述べている(8)。

赤嶺事務局長が指摘しているように、地域を活性化させようとした試みは、地域住民が同様な問題意識をもち、行政と一体となって事業化以前から行われてきた。いかにすれば地域をより広く認知してもらい、同時に地域の特産物の販売拡大に結びつけるのかに関して、工夫を重ねてきたのである。これらの活動は、二〇〇四年頃、「中心市街地活性化推進事業（糸満市中心市街地活性化コンセンサス形成事業）」として展開された。この中には、かまぼこ事業ももちろん含まれるが、このほかにも、イベント強化事業、まちかどギャラリー事業、市場体験学習事業、糸満広報事業、糸満マップ作成事業、やすらぎ空間事業、方言等学習事業などの数多くの試みが含まれていた(9)。この数多くの候補事業から厳選されたかまぼこ糸満ブランド事業は、二〇〇五年から「むらおこし等活性化事業糸満ブランド事業」として発展することとなった(10)。

4 「ボーボー屋かまぼこ」社の新製品開発プロセス

前節では、糸満海人かまぼこブランドを形成することにおいて、行政側からの問題意識と事業推進プロセスを概観した。糸満市における魅力度の低下による実質的な人口の減少、素通り観光といわれる南部地域の観光産業の低迷、空き店舗が増えながら活力を無くしていく公設市場と商店街といった地域経済の不安材料こそ、地域活性化と地域ブランド形成の大きな推進力となったのである。これに対応しようとして、積極的に取り組んだ行政の努力が、現在のブランド形成につながったのであった。

写真9—2　ボーボー屋かまぼこ社長、上原健一氏

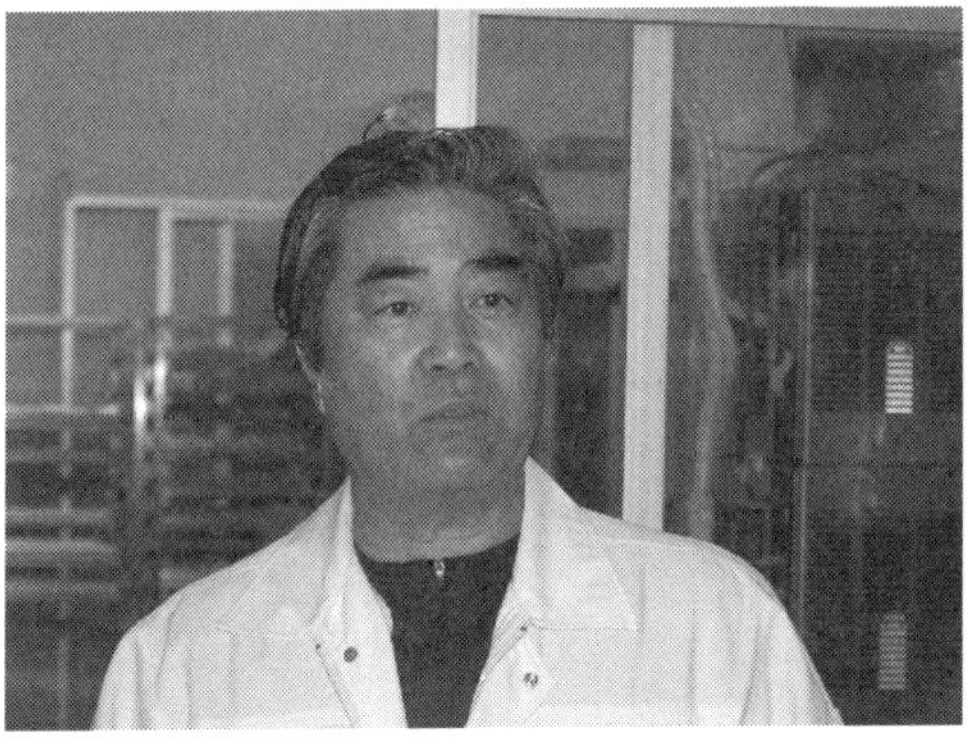

行政および地域住民が積極的にこれらの事業を進めていた反面、民間企業も同様にこれらの活動に参加してきた。ブランドとして世の中に出される製品は、いずれも多くの企業が介入し、生産活動を行わなければならないからである。かまぼこブランド事業に参加した代表的な企業は、これからとりあげる「ボーボー屋かまぼこ」であり、一万円かまぼこといわれる付加価値の高い製品を開発したのが、経営者の上原健一社長である。

「ボーボー屋」という社名は、創業者である上原糸《よし》さんの幼少時代のあだ名に由来したものであった。創業者時代から周りがよくこのあだ名で呼んでいたことから、

これがそのまま屋号となったのである。「ボーボー」というのは、「赤ちゃん」を意味する沖縄の言葉である。

今から約五〇年前、多くの糸満地域の漁師と同様に、上原家は漁業を営んでおり、第二節で述べたように、糸満アンマー（糸満婦人）である上原糸さんは、家計を任されていた。創業者の糸さんは、家計の収入を増やそうとし、夫が獲ってきた魚の加工業を始め、今の会社となっている。現在二代目の上原健一社長は、幼い時から母親のお手伝いをしながら育ち、約三〇年前から企業経営を行っている。

かまぼこ産業の低迷

戦後の糸満地域におけるかまぼこ産業は、非常に繁栄していた。上原健一社長は、「糸満のかまぼこは、旧暦の年中行事と冠婚葬祭には欠かせない料理であり、また、日常の生活でも非常に好まれた高級な食材であった」と当時の状況を語っている。(11) しかしながら、このような高い需要を得て繁栄していたかまぼこ産業は、約二〇年前から急変し始めた。若い世代が、洋食文化が浸透するにつれて、次第にかまぼこといった伝統的な食品から離れていくようになった。また、大型スーパーが地域に展開されると、多くの消費者がスーパーの棚に並ぶ大量生産のかまぼこに手を伸ばすようになったのである。このような世代交代による産業の大きな変化は、かまぼこ業界のみならず、糸満地域全体の懸念材料となっていた。

糸満といえば、沖縄県および日本全国で伝統と文化を重んじる地域として知られている。また、松本信夫という作曲家のように、糸満の文化に魅了されてこの地に移り住んでいる人も少なくないと、糸満市役所関係者は述べている[12]。海の町であることから、いまだに旧暦にこだわっているところとしても有名である。

図9—2　糸満海人かまぼこギフトセット

資料：糸満市商工会

旧正月と旧盆といった旧暦による年中行事の際、市内の小学校は休講まではいたらないものの、早引きとなったり、課外活動として地域行事に参加したりすることも少なくない。また、旧正月と旧盆の前に、商店街が大混雑し、旧正月と旧盆の期間には商店街がシャッター通りになることも日本ではこの地域くらいであろう。韓国と中国といった地域で見られる現象が、この地域では容易に目にすることができるのである。

しかしながら、このような伝統文化も世代交代とともに、徐々に薄れているのも現状である。上原社長は、かまぼこ産業の変化についてこのように述べている。かまぼこは、それぞれの家庭の重箱にぴったり入るように、一品ずつ注文をうけ、生産することがこれまでのやり方であった。しかしながら、現在ではこのような注文も激減しており、また、若い世代は、重箱の作り方も分からなくなっているという(13)。

世代交代とともに、かまぼこ業界を急速に縮小させたもう一つの重大な理由は、後継者不足問題であった。かまぼこの生産は、夜中の一二時から行われるのが通常である。夜通し生産を行い、朝の出荷時間に間に合わせるのである。出来立てのかまぼこの美味しさを伝えるために、今でもこの生産体制は守られている。上原社長と従業員は皆、週末も含めて、毎日夜中の一二時に出社するのである。このような労働環境であるため、なかなか後継者と職人が育たないのである。労働力不足のため、戦後三〇社ほど存在していた事業所は二〇社へと減り、現在は一一社となっている。また、今の一一社の中で、中規模の四社を除くと、残りのほとんどは、家族経営の小規模な事業者である。

以上からみてきたように、糸満地域のかまぼこ企業の経営環境は非常に厳しいものである。にもかかわらず、さらにこの状況を悪化させる要因が、二〇〇六年後半から急速に進展した原油高と原材料高であった。原料となるタラといった魚のすり身の価格は、ここ一年間で、四割から五割ほど値上げされている。また、牛肉問題から魚類の消費が世界的に増え、原料確保問題が発生している。このほか、揚げ作業に大量に必要となる油の価格は二倍に急騰しているなどと、経営は悲観的な状況になっているのである。

写真9—3　おにぎりかまぼこの生産工程

以上で述べたような外部環境の変化こそが、地域ブランドの確立と高級化路線への推進力となったのである。しかし、ブランドの確立もそうであるが、利益拡大を目的としたかまぼこ製品の高級化プロセスは、ただ単に取り組めばできるような容易な作業ではない。一万円かまぼこといわれる沖縄県産グルクン一〇〇%の高級かまぼこを作るためには、これまで行ったことのないまったく新しい製造方法が必要となってくる。

これまでは、タラといった原料と地域で獲れた魚のすり身を混合して製造したのであったが、新製品は、地域で獲れたグルクンのみを使った商品であった。このため、数年間の時間をかけて、新商品の技術的な問題をクリアしなければならなかった。新製品開発の努力の甲斐あって、ようやく新ブランドに値する新商品を開発することができた。

残された今後の課題

以上からみてきたように、行政と地域住民および関連した業界の民間企業は、それぞれ解決しなければならない喫緊の課題を背負っていた。このような状況の中、商工会がリーダーシップをとり、共通した問題と個別の課題を同時に解消するような工夫を重ね、その成果として現われたのが、ここでとりあげてきた「糸満海人かまぼこ」という地域ブランドであった。「海人」は、糸満市商工会の登録商標である。かまぼこブランドを皮切りに、今後の地域の活性化のために第二、第三のブランドが創出されていくであろう。

また、ボーボー屋といった民間企業にとっても、製品開発化には成功したものの、安定的な原料確保の問題などと、これからの企業努力で解決していかなければならない問題が山積みになっている。しかしながら、地域発展に真剣に取り組みながら、高い付加価値を持つものを追求していくことを続けていく限り、将来はより明るいのではないかと思う。今回の研究調査に快く対応していただいた糸満商工会とボーボー屋かまぼこの関係者の皆さまに心から感謝の意を表しながら、今後の更なる活躍に期待したい。

（1）糸満市の歴史と概観に関しては、糸満市役所企画開発部秘書広報課『二〇〇六糸満市勢要覧』糸満市役所、二〇〇七年、を主に参照している。
（2）糸満市役所企画開発部秘書広報課、前掲書、五四～五五頁。
（3）糸満市商工会『平成一七年むらおこし等地域活性化支援事業　糸満ブランド事業報告書　糸満ブランド確立に向けて――地域ブランド・糸満海人かまぼこの発信』二〇〇六年、一四頁。
（4）糸満市商工会、前掲書、八頁。
（5）二〇〇八年四月一六日、糸満市商工会経営指導員、玉城直樹氏への筆者によるインタビュー。
（6）読谷村の地域活性化に関しては、崔珉寧「伝統工芸を背景にする村――沖縄県読谷村」（関満博・足利亮太郎編『「村」が地域ブランドになる時代』新評論、二〇〇七年）を参照されたい。
（7）糸満市役所企画開発部秘書広報課『広報いとまん』第五一〇号、二〇〇八年二月、二頁。
（8）二〇〇八年四月一八日、糸満市商工会事務局長、赤嶺治夫氏への筆者によるインタビュー。
（9）これらの事業に関しては、糸満市商工会『平成一六年度糸満市中心市街地活性化推進事業（コンセンサス形成事業）報告書「こころ」の活性化を通じて「まち」の活性化へ――糸満市の活力アップと繁栄のために』二〇〇五年、を参照している。
（10）より詳細な内容は、糸満市商工会、前掲書を参照されたい。
（11）二〇〇八年四月二三日、ボーボー屋かまぼこ社長、上原健一氏への筆者によるインタビュー。
（12）二〇〇八年四月一六日、糸満市役所企画開発部秘書広報課広報担当、久田友正氏への筆者によるインタビュー。
（13）かまぼこ産業と新製品開発に関しては、二〇〇八年四月一八日、前出、上原健一氏へのインタビューによる。

第十章　高岡コロッケ／ものづくりのまちの大作戦

長久洋樹

富山県高岡市(1)は人口約一八万人、富山県の西部に位置する県内第二の都市である。古くは、奈良時代に越中国府が置かれ、大伴家持が越中国守として赴任し、また、加賀藩第二代藩主前田利長公が高岡城とともに高岡の町立てを築き、その後、商工業の町としての基盤が形成された。現在は、国宝瑞龍寺をはじめ近世から戦前に建築された歴史的建造物のほか、国の伝統的工芸品である高岡銅器、高岡漆器や基幹産業であるアルミ産業を中心に、意匠や造形文化が色濃い「ものづくりのまち」としての特徴が際立つ都市である。

1　「コロッケのまち」ができるまで

高岡市がコロッケのまちに取り組むきっかけは、今から六年前に遡る。高岡市の人口は一九八七年以降、減少傾向が続いており、市民への人口減少に対する問題意識の啓発と市民のアイデアによる住み良いまちづくりの実現に向けて、二〇〇二年六月に市民等による「高岡市人口問題検討懇談会」(2)を設置した。その結果、人口対策事業として「就業環境」「福祉」「住宅」「都市基盤」「イメージ戦略」の五つの施策区分により九一の事業が取りまとめられた。

始まりは人口対策

翌二〇〇三年度には、ここで提案された施策のうち、「住宅」と「イメージ戦略」の二つに焦点を当て、具体的な事業の提案を行うため、再度、職員によるワーキング・グループを設置した。「住宅」は四〇歳代を中心とした中堅職員により、「イメージ戦略」は二〇歳代から三〇歳代前半の若手職員により構成されたメンバーで検討した。

イメージ戦略においては、「現在住んでいる市民の生活満足度を高めること」と「市外の方が高岡を訪れたくなる魅力を発信すること」が最大のポイントだと考え、「一般的な市の観光マップではなく、生活に役立つプチ情報やちょっとしたご当地自慢が掲載された『お宝マップ』の作成」「ご当地グッズの作成」「万葉や前田文化といった格式の高い地域自慢ではなく、生活レベルでの宣伝ができる素材の選定」「ホームページ等で行政情報以外の生活に潤いを与える新情報の提供」などの提案が出された。

そして、二〇〇四年五月に現在の橘慶一郎市長が就任してまもなく、それまでの検討結果をもとに、本市のイメージアップのための新たなホームページを開設する準備を始めた。前年のワーキング・グループに参加していた若手職員を再編し、「市内の良いものを選別して分かりやすく紹介する」「表現方法は、公序良俗に反すること、他人を誹謗中傷すること以外はすべて可能」というコンセプトのもと、①市内企業が製造する日本や世界でのナンバーワン、オンリーワンの商品を紹介する「高岡発、ニッポンブランド」、②観光地ではないが、市内のちょっとした見所を紹介する「明日から使える　高岡新名所ガイド」、③子育て情報を子供の成長別に整理した子育て用ポータルサイト「高岡こそだてナビ」、④本市の公共施設の利用を促進するため、公共施設の近隣にある人気店を紹介し、ついでに公共施設を利用してもらおうと呼びかける「ついでの施設ガイド」、⑤市民の方々にまちおこしの企画を提案し、協力者を募る「素材アリ鉄人求ム」、そして、⑥市内のコロッケ取扱店とその店のコロッケの特徴を紹介する「目指せ！　コロッケのまち」の六つのコンテンツで構成された「カラーたかおか」というホームページを二〇〇四年九月から運用することになった(4)。

ただし、行政が得意とする「公平・中立」といった観点で取り扱わないこと、予算（＝税金）を投入するのは成果が出てからでもよい考え、本市の公式ホームページ内のコンテンツとして作成せず、市民のボランティア活動のために本市が無料で開放しているレンタルサーバーを使用することで、あえて行政活動から一線を画すことにした。

「目指せ！　コロッケのまち」

本市が、なぜ、「コロッケのまち」を目指すこととなったのか。話はたいへんシンプルである。

市民が高岡を離れ、県外の方に地元の話をする初めての機会が大学進学時であろうと考え、その際、高岡の最大の自慢である万葉集や前田文化などの格式の高い話より、もっと気さくな話題のほうがアピールできるのではないかと考えた。本市にとっては、高岡に訪れていただくというよりも、まずは「高岡市」という地名を全国の方に覚えてもらうことが最大の難関である。併せて、好印象を得たいという願望があったことから、生活の中で常に目にする素材を使用して高岡市の名称の浸透が必要であると考えた。

そうした議論の最中、二〇〇〇年の家計調査（総務省）において、富山市の一世帯当たりのコロッケ消費金額が日本一であり、それ以外の年でも上位に位置していることがわかった。高岡市のデータではないのだが、家計調査は、全国の都道府県庁所在地等で調査され、各都道府県の特徴を示すデータとして活用されている実情であったことから、「富山市のデータ」＝「富山県を代表するデータ」＝「高岡市もこの傾向に含まれる」という風に前向きにとらえ、市内のコロッケの現状について考察してみた。すると、「おいしくて有名なコロッケ」「値段据え置きで頑張っているコロッケ」「魚屋さんの惣菜コーナーで販売しているコロッケ」「子供のころの

図10—1　HP「目指せ！　コロッケのまち」のトップページ

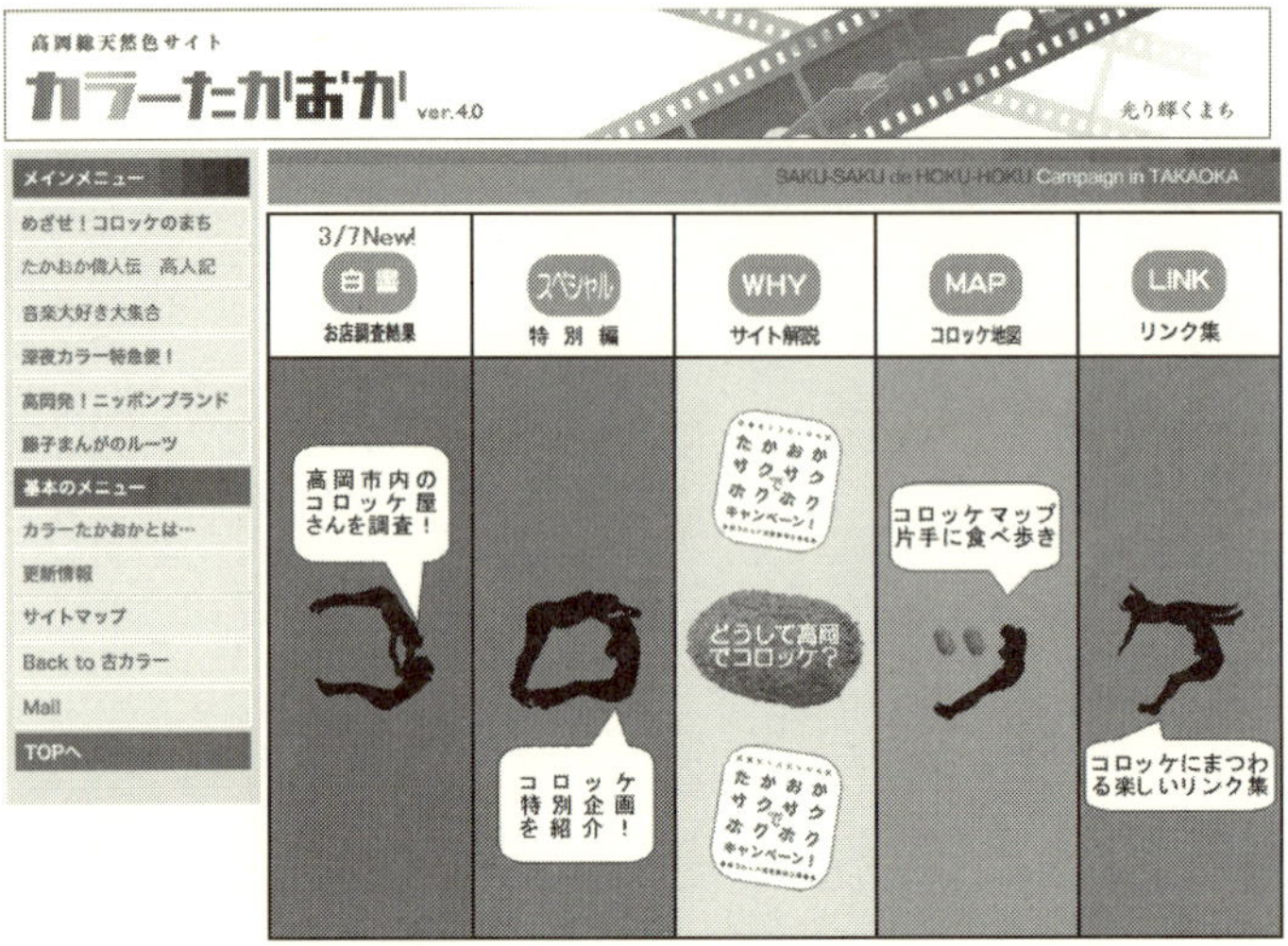

思い出のコロッケ」など、市内にも多くの特徴あるコロッケや店舗があることが分かり、コロッケのまちづくりを進めるには十分な要素があることが判明した。しかし、私たちには統計的な裏付けが十分なく、また、当時の現状では、「コロッケのまち」を名乗るほどの知名度もなかった。そこで、「目指せ！　コロッケのまち」と謙虚に出発することとなった。

市内のコロッケ関係をホームページに掲載

このコンテンツでは、市職員を実写版でキャラクター化し、まず、市内の精肉店、スーパーを中心にコロッケ取扱店を取材するという形式で掲載していった。高岡のコロッケには特徴ある共通レシピがないことから、市内にあるコロッケの現状をすべて把握し、紹介していくことで、高岡のコロッケの奥深さをあぶりだすことが目的であった。毎月一回の更新ごとに二店舗を紹介し、当該店舗の取り扱うコロッケの現状について、味以外にも、重量、形、素材、揚げ方など、細部にわたり調査をし、ホームページに掲載した。そして、調査した店舗を市内全域図にマッピングし、市内のコロッケ店の状況を一目でわかるよう試みた（二〇〇八年五月末現在、二六店舗を紹介）。

前述のとおり、当初、「カラーたかおか」のホームページを六つのコンテンツで開設したが、マスコミ受けが一番良かったのが「目指せ！　コロッケのまち」だった。この活動の最大の弱点は、「ホームページという仮想空間だけでは、市民の方々に浸透せず、単なる行政の自己満足で終わってしまうのではないか」という点であった。本市では、毎年一月に、中心市街地において「日本海高岡なべ祭り」（以下「なべ祭り」）という食のイベントを行っており、できればここでコロッケ屋台を出したいと思っていた。詳細は後述するが、ホテルニューオータニ高岡と富山県呉西食肉組合の協力により、ホームページ開設直後の二〇〇五年一月のなべ祭りで、コロッケ屋台を出店することができた。

いくつかの転換期

この出店が、その後の高岡におけるコロッケのまちづくりに向けた最初の転換期になったと思われる。これ以降、中心市街地でのイベントに頻繁にコロッケ屋台が出没することになったほか、なべ祭りにおいても県内外からのコロッケ屋台が出店することになり、高岡のイベントでコロッケ屋台が出店することが定番化していった。

また、このような活動が継続するにつれて、多くの新聞、テレビ、雑誌等の取材を受けることになった。当初は、県内ローカルの報道機関に限られていたのだが、地方のラジオ局から在京、在阪のテレビ局、全国紙等へと全国に情報が流れるようになった。特に、NHK教育TVの「あしたをつかめ~平成若者図鑑」という番組において、カラーたかおかのメンバーであった本市の女性職員のコロッケにかかわる活動が、地方公務員の仕事ぶりを取材するという形で放映されたことで全国的な知名度を得ることができ、これが第二の転換期となった。

このような動きの中で、『るるぶ』等の旅行情報誌に高岡コロッケの特集記事が掲載されるようになったほか、個人が作成しているブログを検索すると、当初は、「高岡がコロッケで有名なんて今まで聞いたことない」といった、どちらかといえば否定的な記述が多かったが、最近では、「有名な高岡コロッケ食べました」など、肯定的な記述が増えてきており、「目指せ!コロッケのまち」を言い続け、目に見える活動を継続することで広く県外へ浸透していった。

2 市民活動への発展——高岡コロッケ実行委員会の取り組み

コロッケの活動の第三の転換期は、「高岡コロッケ実行委員会」の設立である。二〇〇五年六月に、高岡商工会議所一一〇周年記念事業の一環として、富山新聞社高岡支社が事務局となり、市内の企業や市民団体、行政等による「高岡コロッケ実行委員会」が設立された。実行委員会の活動として参加店舗の拡大を図り、加盟店へ高岡コロッケののぼり旗の設置を行い、新聞紙上やホームページのみならず文苑堂書店（高岡市）と共同で発行している無料情報誌『ふみたん』で加盟店情報を発信していった。他にも、市内を走る路線バスに高岡コロッケのラッピングバスを走らせることとなった。

この取り組みは、市内での高岡コロッケの認知度の向上に非常に有用であった。実際、スーパーの惣菜コーナーや精肉店に行ったとき、「高岡コロッケ」ののぼり旗を見ると、コロッケが昔から高岡の名物であったかのように錯覚してしまうほどである。また、ホームページでは、加盟店の紹介とともに過去の高岡コロッケに関する記事や高岡コロッケ検定などの情報を発信するなど、本市のサイトとともに高岡コロッケの活動を知りたい方のための情報源となっている。

写真10—1　高岡コロッケのラッピングバス

写真提供：富山新聞社

こうして、市民への啓発が継続していく中、今度は、市外の方々への情報発信をさらに積極的に実施することにした。本市の出身である藤子・F・不二雄氏が描いた『キテレツ大百科』に出てくるコロッケ好きの「コロ助」を使用した二〇〇八年の年賀状を五万枚販売した。当初は、在庫が残るのではと心配していたのだが、結果は販売後数日で完売となった。

また、実行委員会では、なべ祭り以外でもコロッケの賑わいを作ろうと、二〇〇七年一一月、中心商店街で「高岡コロッケ博覧会」を開催した。二日間にわたって開催したこのイベントでは、富山県の協力も得、富山県知事コロッケと高岡市長コロッケを来場者プレゼントとして無料配布したほか、市内のみならず、県内外からのコロッケ店の出店を図るとともに全国の有名コロッケを取り寄せて販売するなど、高岡で初めてのコロッケ一色のイベントとなった。

二〇〇八年度においても、事業の継続を予定しているほか、二〇〇八年七月に開通する東海北陸自動車道に関連した高速道沿線コロッケマップの作成など、新たな企画を予定している。

3 企業活動等への発展

高岡でコロッケのまちづくりが進んだ背景には、「高岡コロッケ」の市場を開拓した企業活動がある。併せて、高岡市においてもホームページ以外の活動も開始してきた。

ホテルニューオータニ高岡の取り組み

ホテルニューオータニ高岡（以下「H社」）は、一九八六年度に完成した再開発ビルの核店舗として、ホテルニューオータニグループの一員として設立された企業である。H社のコロッケの歴史は、前述した二〇〇五年一月のなべ祭りへの出店に始まる。

H社では、高岡市が「カラーたかおか」でコロッケのまちづくりを発信し始めた情報を得てから、ホテルとしても何か応援できないかということを考えた。ホテルのレストランには定番商品としてクリームコロッケがあり、コロッケを取り扱うことはホテルとしても問題ないことから、他のホテルとの差別化を意識するとともに、食育という観点から他のコロッケ取扱店と比較し低価格競争とはならないコロッケの開発を検討しようと考えた。そして、コロッケ開発のきっかけとして、まずは、ビジネスとは別に、食のイベントであるなべ祭りにコロッケ屋台

写真10—2　ホテルニューオータニ高岡の
コロッケ3種

写真提供：ホテルニューオータニ高岡

を出店することにより高岡市の応援ができないかということを提案してきた。

H社では、このとき、「日本海の宝石　白海老コロッケ」と「サーロインコロッケ」の二種類のコロッケを開発した。H社の食材へのこだわりとして地産地消が念頭にあり、まず、高岡市内の食材で何かよいものはないか探した。しかし、市内で生産されている一次産品では他店との差別化の点で際立った食材が見つからなかったことから、県内全体に目を向け、最初に白海老コロッケの開発につながった。二種類目の開発に取り掛かろうとしたところ、当時、季節は一二月、ホテルではクリスマス用のローストビーフの販売を行っていた。そこで、ローストビーフを作る際に発生するサーロイン肉の断片をコロッケの食材として活用することで、一般的な牛肉コロッケと異なるサーロインコロッケの誕生に至った。菅本昇副総支配人の発想を谷垣貞信総料理長が具現化したこの二種類のコロッケは、大量生産はできず、また、どれくらい売れるか検討もつかなかったことから、なべ祭りの際は、二日間で三百個ほどを準備した。しかし、実際には、初日ですべての在庫がなくなり、あわてて二日目の準備に入ったものの、十分に在庫が確保できず、二日目は早々の完売となってしまった。

この後、H社では、「甘エビとベニズワイガニのクリームコロッケ」の開発も行い、ホテルのレストランにおいてコロッケ定食を提供することになり、併せて、テイクアウトメニューにコロッケを追加した。また、これらのコロッケは、イオングループの二〇〇六年のお歳暮カタログに採用されている。

現在、H社では、「マクロビオテック」という料理法に取り組んでいる。安全・安心な食事を提供することで食事をされる方に美容と健康を提供するというものである。今後、この理念に則った新たなコロッケの開発を検討している。ホテルメイドの健康に役立つおいしいコロッケが、手軽に食べられることができると考えると楽しみがひとしおである。

インサイトの取り組み

インサイト（以下「I社」）は、一九九八年に創業した企業である。I社は、当初、飲食業として創業したが、林孝樹社長の旺盛な事業意欲の下、現在では、飲食業のみならず企画コンサルタントや店舗設計等、多種多様な業種展開を行っている。

I社のコロッケへの取り組みは、「カラーたかおか」の展開以降に開発した「コロコロコ

写真10―3　「道の駅高岡　万葉の里」の
高岡コロッケコーナー

ロッケ」に始まる。このコロッケは、たこ焼きのような一口大の大きさで、自社の飲食店の店頭で販売するための商品として開発されたものだったが、揚げる際にロスが大量に発生したことから商品としての魅力に欠けていた。そこで、もっと魅力が高いコロッケの開発ができないか考えた。林社長は以前から観光ビジネスを展開したいと考えており、そのきっかけとして観光地で食べ歩きが可能なコロッケの可能性に着目した。試行錯誤の結果、日本三大仏の高岡大仏にちなみ、通常のコロッケの約四倍ある「高岡大仏コロッケ」を開発、二〇〇五年の秋のイベント時からの販売を開始した。

観光ビジネスの展開に向け、実店舗での具体的な戦略を検討していたI社は、二〇〇六年四月から高岡市の道の駅「万葉の里　高岡」の指定管理者を受託し、他店にはない商品を店頭に並べるべく商品開発を進めており、その中の一つがコロッケの充実であった。これが、高岡コロッケが観光土産品として積極的に販売されるさきがけとなった。現在、道の駅では、前述の高岡大仏コロッケをはじめ七種類のコロッケが、月に六〇〇〇から八〇〇〇個販売され、道の駅の主力商品となっている。

高岡大仏コロッケは、その大きさとネーミングから消費者にとって印象が強く、その商品の魅力がローソンの目に留まることになる。二〇〇七年一二月には、中部地区七県で高岡大仏コロッケが一五万個販売され、その好評ぶりが二〇〇八年四月から北陸三県での「高岡大仏コロッケ弁当」の販売につながった。

また、I社は、全国での出張販売に最も積極的な企業であり、県内のイベントはもちろんのこと、関東圏、中京圏、金沢市など、全国に出張販売している。そして、コロッケ以外にも、市内の異業種企業と連携し、コロッケ関連グッズの開発や取り扱いに取り組み、「高岡コロッケネクタイ」「高岡コロッケ風鈴」「高岡コロッケキューピー」などを道の駅で販売している。

コロッケは単価も低く、利益重視だけでは出張販売は決して有効な事業活動とはいえない。関連商品にしても、全国的に見てまだまだ知名度が低い高岡コロッケでは足が速い商品とは言えず、決して売れ筋商品とも言えない。しかし、このような活動により「高岡大仏コロッケのI社」というブランドが確立されており、多種多様な事業を展開するI社の新規商談に有効なツールとなっているのである。

山元醸造の取り組み

山元醸造(以下「Y社」)は一七七二(安永元)年に麹屋として創業し、その後、味噌・醤油の製造・販売を行っている企業である。Y社は、戦後、株式会社に組織変更してから、以降、事業規模の拡大に努め、ソースの製造もその頃から行っていた。Y社は、市場が中小小売店から量販店へとシフトしていった流通の転換期に、販路を確保するには安価な商品を主軸とした販売に走らざるを得なかった。企業努力により約一〇年前に年商が約四億円へ拡大したとき、このまま価格競争に巻き込まれるのではなく、付加価値の高い商品を生み出し、自社のブランドイメージの変更を図る必要があると考えた。そこで、富山県産の艶麗大豆を使用した味噌や昆布を巻いた出汁入り味噌など富山らしい素材にこだわった商品開発を行ったが、それはY社の従来の企業イメージを払拭できるものではなく、十分な成果をあげることができなかった。

その後、一九九九年に自社のホームページを開設、二〇〇三年には新たに老舗のイメージを打ち出した「室屋長兵衛」というホームページを開設した。このホームページタイトルは、Y社の加賀藩時代からの屋号であるが、掲載されている情報はY社が独自に調査した北陸の食文化や発酵文化、高岡の歴史や街並み、伝統産業等の紹介など、自社の歴史を築いた地域特性に関するものであった。このように「自社の付加価値を上げるためには、自社の地元の価値を高める」方針のもとに、現在では、このホームページのみならず書籍を発行するなど、郷土の情報発信のための幅広い活動に取り組んでいる。

このような活動とともに、Y社がコロッケに関わるようになったのは、二〇〇六年にY社で旧来製造していたソースを改良して、コロッケによく合うソースにリニューアルしたことに始まる。リニューアル商品の素材として、高岡市国吉地区で生産されているリンゴと富山市（旧山田村）で製造されている柿酢を使用することを念頭に置き、工場長らの試行錯誤の結果、立案から約三カ月後に、「越中高岡コロッケソース　レトロ／とろまろ（五〇〇cc）」の二種類を完成させた。「レトロ」は既存のソースの風味を残しながらさらっとした食感のもの、「とろまろ」は、名前の通りとろみとまろやかさがあいまったものである。ラベルには、地元の山町筋の古い町並みを描いたスケッチ画を採用した。

写真10―4　越中高岡コロッケソース

写真提供：山元醸造㈱

この後、二〇〇七年には一六〇ccのミニ容器を発売した。また、新たに惣菜部門にも販路を広め、このソースを使用したソースコロッケが全国のイオン、マックスバリュー三〇〇店舗で販売された。また、サークルKサンクスの北陸地域の地産池消にこだわった「北陸MOTプロジェクト」の洋食弁当のソースに採用されるなど、新たな販路が開けた。高岡コロッケソースは、現在では、高岡商工会議所が実施した「越中高岡土産品百選」の選定を受けているほか、「とやま発新事業チャレンジ支援事業」の第一号の採択を受け、一〇グラムのフィルム袋詰の商品を新たに開発した。

Y社の戦略は、富山県内の産物を活かした高岡コロッケソースの展開により、一定の成果が見えてきたようである。Y社では、来年迎える高岡開町四〇〇年にあわせた新たな商品展開を模索しており、今後とも、コロッケ、郷土の歴史、地域の産物、自社商品のマッチングした企業ブランドの確立を期待したい。

高岡市の取り組み

高岡市では、コロッケを身近でかつ特別なものとしていくため、保育所や学校の給食でコロッケを意識して取り扱うことにした。まず、保育所給食では、従来から月に一回程度は給食にコロッケを出していたこと、園児の希望献立をかなえるアンケートに最近コロッケが記載されるようになったことから、献立を組み立てる栄養士にカラーたかおかのメンバーがいたことから機転を利かし、「コロッケ給食の日」と銘打つことで特別な給食に仕立てた。しかし、ただのネーミングだけではなく、ある保育園では、地元JA女性部の協力の下、園児がじゃがいもの栽培をしており、自分たちで育てたものを自分たちの好きなメニューで食べることで、より楽しい給食を迎えることができた。また、富山県では毎年一一月を地産地消推進月間とするとともに富山県食育推進月間を開催し、「学校給食とやまの日」という事業を推進していたことから、高岡市としても、「子供たちの思い出に残る学校給食」として地産池消の食材を使用した給食メニューの開発に取り組んでいた。そこで、学校給食の担当者が試行錯誤の結果、市内で取れた小松菜とジャガイモ、県内産の大豆とウインナーで「なっぱコロッケ」を開発し、二〇〇七年一一月に提供した。

また、高岡市は、漫画家藤子・F・不二雄氏の出身地であり、㈱藤子・F・不二雄プロ(以下「藤子プロ」)や小学館の協力の下、以前からドラえもんのキャラクターを市の広報誌や母子手帳等へ使用させていただいていた。二〇〇六年に高岡商工会議所が一一〇周年記念事業の一環として高岡おとぎの森公園にドラえもんキャラクターの等身大のモニュメントの設置に向けた準備を進めており、その関係で、藤子プロの関係者が高岡に来られた際、カラーたかおかのメンバーとお話する機会を得た。それが縁となり、カラーたかおかの活動の中で氏の作品であるキテレツ大百科にあるコロッケ好きの「コロ助」の活用をさせてもらえないかと相談したところ、なべ祭りで開催しているコロッケスタンプラリーの台紙にコロ助を使用させてもらえることになった。そして、「コロ助と行こう! コロッケスタンプラリー」の開催となった。

コロ助の使用以外は一般的なスタンプラリーだが、コロ助という愛らしいキャラクターが台紙

写真10―5　「食の祭典 in 龍ヶ崎」の様子

に印刷されていることで、子供だけでなく『キテレツ大百科』をテレビで見て育った親の世代にも訴求力が高く、多くの方の参加を促すことができた。

そして、コロッケへの取り組みは新たな出会いを生むことにもなった。「目指せ！　コロッケのまち」のホームページを開設した際に、コロッケに関するリンク集の制作過程で茨城県龍ヶ崎市がコロッケのまちとして関東周辺で有名なことは分かっていた。その後、二〇〇六年八月に先進地の取り組みを視察するため、カラーたかおかの有志で宇都宮市と龍ヶ崎市を訪問した。その後、双方の市長どうしの交流から龍ヶ崎市との交流が活発化していく。二〇〇七年一〇月に高岡市側から龍ヶ崎市で開催された「食の祭典in龍ヶ崎」へ参加し、逆に、二〇〇八年一月に高岡市で開催されたなべ祭りに、龍ヶ崎市及び龍ヶ崎商工会から市長や商工会長をはじめ、コロッケの中心部隊である商工会女性部の方が大挙して参加してきた。二〇〇八年は、茨城県で国民文化祭が開催され、高岡市も二〇〇九年に高岡開町四百年記念イベントを開催することから、まだまだこの交流は続きそうである。

4　成功のポイントは「素材の選定」「企業や市民の参加意識」「行政の姿勢」

高岡コロッケは、まだまだ発展途上ではあるが、高岡市のまちおこし施策の中での成功例といってもいいのではないかと自負している。そのポイントは、①まちおこしの素材の選定、②企業や市民の参加意識、③行政の姿勢、に整理することができる。

まず、①まちおこしの素材では、コロッケがまちの一番素材として明確に選別できないにもかかわらず名物に選定し、応援することとしたことが画期的であったと思う。富山市の世帯あたりの購入金額が全国一位の商品はコロッケだけではない。富山県民の生活に浸透している素材のうち、コロッケを選定したことは、極めて幸運だった。また、富山を代表する素材で高岡市がまちおこしに取り組んだ結果、県内の他都市でもご当地コロッケが商品化され、富山の新名物づくりの一助になっていることもうれしい限りである。

次に、②企業や市民の参加意識であるが、これは、当初から新商品を開発することで名物を作るのではなく、現在の営業活動を肯定することで名物を作り上げようというコンセプトだったことから、企業側にとっても参加しやすい雰囲気ができたと想定される。企業側が自社の売上を第一とせず、行政の応援をし、高岡の知名度を上げることを第一の目的として事業に取り組んでいただいた姿勢が成功の鍵と思う。これ以外にも数多くのコロッケ関連商品が開発されているほか、イベントや市民活動といった非営利活動においてもコロッケを活用した事業が拡大している。中でも特筆すべき事項は、二〇〇八年四月、高岡出身の藤子・F・不二雄氏のドラえもんと高岡コロッケがコラボレートした「高岡コロッケドラえもん」[4]が発売されたことである。高岡は氏の出身地でありながら、氏に由来する観光資源が少ないと市内外の多数の方から指摘されてきた。今回の「高岡コロッケドラえもん」の発売はたいへんうれしい動きであり、高岡市を代表する商品として継続的な販売を期待している。

最後に、③行政の姿勢であるが、まず、この活動を始める際、メンバーの人選にあたり、所属を優先するのではなく、モチベーションや資格・能力など、個人の資質を優先することでメンバーを構成した。市の業務は多岐に渡っており、一般職以外にも、デザイナー、栄養士等、専門職として採用された職員のほか、一般職の中でも、学生時代や職務上の経験の中でホームページ作成、文章表現、地域情報等に長けている職員も在籍していた。このように、ホームページの企画からデザインまで必要な能力を保有する職員でメンバー構成することで、自己満足に陥らないホームページ作りを進めることができた。一方で、メンバーは、原則、三年で入れ替えというスタイルをとり、若手職員の実践的な研修の場としての活用が可能となった。そして、なによりも、市長をはじめ上司の応援により、一つの施策を徹底的に貫くことができた環境が、今回の成果につながっているものと思う。

高岡コロッケは人口対策から始まったが、残念ながらその後も人口の減少傾向は継続している。しかし、今は、分かりやすいふるさと自慢ができたことから高岡の知名度も以前より向上したのではないかと思うし、高岡に興味を抱く方も増加しているのではないかと思う。そういう方が増加すれば、多くの方々から高岡の話題が出る機会が増え、その結果、市民の自尊心がくすぐられることで「高岡に住んでよかった」と思ってもらえるし、市外の方からも「高岡に住みたい」という方を増やせるのではないかと夢を膨らませている。

あの有名な宇都宮の餃子も、当初は市職員の提案から始まり現在の地位を形成していった[5]とのことであるが、本市の夢の実現のためにも、本市に息づく、いいものをつくるためには決して妥協しないものづくりの精神で、高岡コロッケを応援・協力してくださるすべての方々と一緒に、ご当地グルメの諸先輩方に追いつけるよう頑張っていきたい。

（1）現在の高岡市は、二〇〇五年一一月に、旧高岡市と旧福岡町の合併により発足した市であるが、文中は、旧高岡市時代も含め、「高岡市」と表現している。

（2）高岡市人口問題検討懇話会の活動については、ホームページ（http://www.city.takaoka.toyama.jp/kikaku/0201/keikakutantou/population/top.html）を参照されたい。

（3）「カラーたかおか」のホームページは、毎年コンテンツの見直しを行っているため、現在のコンテンツの構成とは異なる。現状については、ホームページ（http://www.senmaike.net/color/）を参照されたい。

（4）「高岡コロッケドラえもん」は、発売元がエポック社（東京都）及びショウワノート（高岡市）、販売元がハピネス（東京都）の商品であり、高岡商工会議所青年部の有志七人により設立されたヘプタゴン（高岡市）が取り扱っている。二〇〇八年四月末現在、高岡市内を中心に県内一四店舗で販売されている。

（5）宇都宮の餃子の経緯については、関満博・及川孝信編『地域ブランドと産業振興』新評論、二〇〇六年、を参照されたい。

【参考ＵＲＬ】

高岡コロッケ実行委員会　http://www.taka-coro.com/
㈱ホテルニューオータニ高岡　http://www.newotani-takaoka.co.jp/top/index.htm
㈱インサイト　http://www.insight-group.co.jp/
山元醸造㈱　http://www.yamagen-jouzou.com/
室屋長兵衛　http://www.murocho.com/index.asp

終章　「ご当地グルメ」から地域経営を考える

古川一郎

いよいよ、地域も「経営」する時代になってきたようだ。これまであまり地域を経営するということを意識しなくてもすんだのは、国の経済力・企業の国際的競争力を優先する従来の国策が（偶然かもしれないが）現実的に成功を収めたために、とりあえずは国に頼っていればよいと多くの人びとが感じてきたからであろう。しかし、赤字財政の下での公共事業費の縮小、多くの企業の倒産、年金問題や少子高齢化の進展と人口減少、地域福祉の課題など、私たちの暮らしを取り囲む現状は厳しさを増してきている。このような現実に直面して、これまでのように単純に国に頼って同じことをしていては、自分たちの住んでいる地域の生活を守ることができないことが分かってきた。しかも、経済全体が低成長に苦しんでいる中にあって、経済的な意味で企業間、都市間、そして人びとの間で勝ち組と負け組といった格差が明らかになり、ますますその格差は広がりつつある。

このような時代認識から、本書で取り上げたような様々な新しい取り組みがいろいろなところで始まっている。そして、新しい地域経営を目指して多くの人びとが模索する中で、目を輝かせて頑張っている人びとに日本中のあちらこちらで出会うことができる。変化は「小さな現場」から確実に起こっていることを実感する。たいへん勇気づけられる一方で、それでもなお、残念ながら変化のスピードは遅々としているように思える。

地域経営が難しいのは、現役世代に、状況を打開していくために何をしたらいいのかという経験知の蓄積が少ないことに一因がある。さらに、企業経営と違って地域経営の失敗は、即地域自体の消滅といった過激な変化にはつながらないので、どうしても既得権益に引きずられがちになることも問題を難しくしている。ここでは、本書で取り上げた現場に立ち返って、そこから学べることは何か、どのような課題があるかといったことを考えてみたい。

1　地域経営とご当地B級グルメの関係

九州の高鍋藩から一七歳で名門上杉家に養子として迎えられ第九代の米沢藩主になった上杉鷹山（1）は、経営破綻した地域を再生しなければならなかった。「なせば成る　なさねば成らぬ何事も　成らぬは人のなさぬなりけり」の言葉でもなじみが深い人物であり、名君として今に名を残す一人である。

米沢藩は歴史的な経緯もあって、地域の経済力に不相応な武士階級の人数と彼等の大藩意識などが災いして、その地域経済はどんどん疲弊していった。鷹山が赴任したときは幕府に封土の返納を考える状況、つまり企業でいえばまさしく破産状況であった。この時代、中央政府である江戸幕府が助けてくれるはずがない。このような状況下で、鷹山の地域再生の努力が始まった。鷹山が行ったことは今でもたいへん参考になるので簡単にポイントだけ押さえておきたい。

上杉鷹山の取り組み

まず、彼が最初に行ったことはミッションの確認である。ありとあらゆる様々な意思決定を、それも将来が不確実の中で迅速に行うためには、なんらかの判断基準を持たなくてはならない。地域経営のために鷹山が心に誓ったミッションは、一言で言えば「地域の人びとの生活ために つくす」ことであった。すべてはこの判断基準から評価される。鷹山はこのミッションの実現に一生を捧げた。そして、様々な制度改革、組織改革、産業振興、教育改革などを断行していく。物事には順番があることをこの事例は良く教えてくれる。

家柄、年功序列といった従来の慣行を完全に無視して、それまで日の当たることのなかった低い階級の人びとの能力も積極的に活用する。地域の人びとのためになるかどうかという視点から、適材適所に人材を配していく。このような人材活用により、治水・灌漑・新田開発などを積極的に行い、地域の経済力を高めていった。また、桑の木を植えるところから、絹織物産業を興していく。現在の米沢織りの第一歩はこのとき始まったのである。笹野一刀彫りといった地域の名産なども、外貨獲得（藩外からの現金収入）のための付加価値の高い商品開発の成果である。さらに、そばやうこぎ、鯉といった食材の生産を奨励し、食料不足へのリスクマネジメントにも努めたということだが、このような先見の明の多くが現在の米沢に引き継がれ地域の特色になっている点は興味深い。

人びとの常識的な考え方や態度を変え、心に火をつけ、やる気にさせたことが最大の成功要因であるが、今流の言葉で言えば「抵抗勢力との権力闘争」などもあったようだ。しかし、自ら一汁一菜といった倹約に努め、身分制度の時代に時には率先して農作業を行うといった徹底的な姿勢を示すことで、人びとをリードし続けたことで苦境を脱していった。いまでも名君とたたえられるのは、このように最後まで最初に誓ったミッションを貫き通し、民衆の支持により守旧派を打破し、新しい時代を拓いていったからである。鷹山の先生でもあり当代一流の学者であった細井平洲を招き、興譲館という学びの場を作って人材育成に努めたことも特筆に値しよう。このようなプロセスは、変革を起こしていこうという人にとっては参考になるのではないか。

イノベーションとマーケティング

鷹山のケースを単純化すると、地域経営には、①人びとの意識改革、②イノベーション、③マーケティング、④体験を通じた人材育成の四つの活動が同時に連動して働くことが重要であることが分かる。イノベーションが起きなくてはマーケティングの出番はないが、マーケティングがなければイノベーションが生きてこない。イノベーションもマーケティングもそれをやるのは人であるから、人びとの意識改革が同時に進行しなければ上手くいかない。そして、現場で体験することが人材育成につながっていく。これは、地域に限らず企業経営についても同じである。

少し注意しておきたいのは、イノベーションというと大げさに聞こえるが、日常的なものを新たな視点から捉え直すこともイノベーションに入るという点である。ご当地B級グルメに全く新しい意味づけを行うことも、イノベーションである。そしてこのようなイノベーションが成功するような仕組みを考えるのがマーケティングの役割である。

ところで、地域経営の現代的課題を考えるために、鷹山の時代と大きく変わった点を確認しておこう。第一に、人びとはより良い環境を求めて自分の住む場所を自由に選択できる時代になった。一橋大学には毎年多くの地方出身の最優秀の学生が入ってくるが、最初は地元のために働きたいという気持ちを抱いていても、卒業すると東京で就職する人が圧倒的に多い。それは、地元に帰っても彼等・彼女らの夢を実現するような魅力のある仕事の場が見あたらないからである。要するに、企業でも地域でも何としてでも有能な人材を獲得しなければならない時代になったのである。

第二に、最低限の生活は日本中どこに行っても確保されており、かつインターネットはどこに行っても使えるようになった。食べるものでも、単純に栄養を補給するというのではなくて、美味しいものが欲しい時代になった。そして、どこに行けば美味しいものが食べられるか、ネット上で簡単に検索できるようになった。人びとのニーズは多様化し要求水準は着実に上がってきている。情報環境は十年前と比べても圧倒的に進化してきており、同じレベルに甘んじ同じことを繰り返しているだけでは、確実に取り残されてしまう時代になった。

信頼関係に基づいて対話できる環境

第三に、最も大きな違いは、現在は民主主義の時代であるということである。利害関係が対立する主体に対して、行政のリーダーが発揮できる権限は制限されている。たとえそれが正しい方策であったとしても、人びとの理解なしに進めることはできない。

このような状況にあって、地域の経営を推し進めて行かなくてはならない。そのために最初にやらなければならないことは何か。私は、最も重要なことは地域の目指すべき方向について地域の多くの人びとのコンセンサスを得ることであると思う。しかし現実には、コンセンサスの形成は難しい。地域の人びとの利害は必ずしも一致せず、また、相手の言っていることを心から理解することはたいへん難しいことだからである。だから、本音で議論ができない、結論がまとまらないという事態に陥ってしまいがちなのである。

それを乗り越えるためには、まず人びとの関心を集めて信頼関係に基づいて対話ができる環境づくりから始めなければならない。そのような環境づくりには、みんなで盛り上って、何かを一緒に体験することが必要である。いわゆる暗黙知を共有することが重要だからである(2)。地域に対する一体感、愛着というものが醸成されていなければ、行政、企業、住民が共に新しい第一歩を創りあげることはできない。そのためには「何か」を工夫しなければならない。そこに、すべての地域に人びとに馴染みのある「食」、すなわちご当地B級グルメに着目し、それに新しい意味づけを付与する意義がある。すでに見てきたように、B級グルメには多くの人びとを巻き込む力がある。私たちは、B級グルメを跳躍板にして新しい地域経営の第一歩を踏み出す可能性にもっと注目すべきであろう。

2　対話の場を作る

ただし、そのような対話の場は、地域の人びとの中だけで閉じていてはいけない。対話の場は外部の環境に対して積極的に開かれていなければならない。このことを、企業のコミュニケーション活動を概観することで確認しておきたい。

コミュニケーションの重要性

企業のコミュニケーション活動は近年、ますます多様かつ高度にマネジメントされるようになってきている。例えば、典型的な消費財である化粧品のメーカーを考えてみよう。商品の持つ価値について、消費者と最も密な対話が行われるところは、販売が行われる場所、つまり化粧品売り場における販売員と顧客の間（＝コンタクト・ポイント）である。当然、企業としてはたいへんであっても、膨大な人数の販売員の教育に熱心に努めなくてはならない。一対一で向き合って五感を通じて伝えられる情報量は、ＴＶ広告や雑誌広告、駅のポスターやバスのラッピング広告などを通じて発信するメッセージよりも圧倒的に大きいからである。

また、雑誌などの媒体でも、単純な広告より、読者層を代表するようなカリスマ・ライター

（あるいは代理消費者）の記事などが、消費者の化粧品ブランドに対する理解において大きな役割を果たすことがよくある。ファッション誌には「読者モデル」などの形で一般の消費者の意見や写真がたくさん掲載されているし、インターネット上においてユーザー間でやりとりされている体験情報[3]も消費者にとっての重要な情報源である。企業としては常にこのような情報をウォッチし、可能な限り関わりを持っていなくてはならない。

母親から娘、友人同士といった良く知っている人びとの間の口コミも、消費者の態度変容につながるインパクトの大きいたいへん重要なコミュニケーションである。お互いに信頼関係があるから、相手のいうことを信用するのである。メーカーが功利的にコントロールできないことが、このような説得力の違いをもたらしているが、口コミマーケティングも最近の流行である。

広報はどうか。株主に対するＩＲ、良き企業市民としてのＣＳＲ活動報告書の作成やＰＲ活動、企業全体のイメージアップの活動、メディア対応など企業広報もいろいろな活動をしている。広報の表向きの役割は、口コミを誘発し企業活動を外部の様々な人に知ってもらうことだが、実は、企業の内部の人にも非常に大きな影響を与えることができる。たとえば、従業員の専門知識を生かしたボランティア活動などが、人びとから喜ばれ社会に貢献していることを実感することは、企業の社会的な存在価値を確認し、その企業で働くことへの誇りを抱かせることができる。このような多様なコミュニケーション活動を通じて、なかなか伝えにくい見えない価値を伝えようとしているのである。広報の役割も重要性を増している。

行政広報のコミュニケーション活動の課題

資生堂名誉会長の福原義春氏(4)は、「ブランドは企業文化の結晶である」と語っている。改めて言うまでもないが、ブランドというのは人びとの間で共有されている記憶である。つまりブランドは、商品・サービスを生産・販売する人びとばかりでなく、それを使う人びとを含め、一人ひとりの活動の合計から生まれてくるのである。このような見方に立てば、良い対話が成り立って様々な活動が一体不可分になることで、初めてプロジェクトは前に進むし、結果として優れたブランドが構築されることが分かるであろう。このことがよく分かっている企業は、あらゆる情報チャネルを活用し、顧客ばかりでなく従業員、株主など多くのステークホルダーが信頼感でつながり対話できる環境作りを熱心に行っている。

地域のご当地グルメの場合もコミュニケーションの原理原則は同じはずである。B級グルメといえども、食する場における消費者と作り手・売り手との対話(言葉にならないものも含めて)は最も重要である。人びとの間の口コミを促進するような話題づくりも重要だろう。さらに、これからの地域のブランド化を考えたら、プロジェクトを推進している人ばかりでなく、地域住民や観光客などに対しても効果的に広報していくことが必要である。

地域経営ではこのようにステークホルダーが多様であるが故に、本来対話の場づくりは企業の場合より難しいはずである。しかし、現実的には地域の行政には対話のための環境づくりを専門とするプロフェッショナルな集団からなる組織は存在していないように思える。

ためしに、それぞれの自治体のホームページと、ディズニー、ホンダといった企業のホームページを、誰のために様々な情報が提供されているのかを考えながら見比べてほしい。自治体のものは基本的には地域住民のための情報提供しか想定されていないことが分かる。情報社会といわれる割には、地域の外に向かって積極的にアピールするような質の高い情報提供を行っているとは思えない。地域経営ということであれば、もっと多様なステークホルダーを想定しても良いのではないか。

例えば、多くの地域で人口が減少する中で、都市の人びととの交流促進事業や、定住促進事業が政策目標として掲げられるようになってきている。地域外からの収入源として観光産業のことを少しでも考えなくてはならないのであれば、現在の行政の広報を中心としたコミュニケーション活動はお粗末であると言わざるをえない。

ご当地グルメを新たな視点から盛り上げることは、地域内の人びとを巻き込むばかりでなく、地域から外に向かった情報発信という点からもたいへん魅力的であり、高い評価と効果が得られる可能性が大きい。

3　地域のブランド化の観点から食のブランド化を考える

それでは、本書で取り上げた「ご当地グルメ・プロジェクト」のコミュニケーションはどのような観点から評価されるべきなのであろうか。そのためには、ご当地グルメ・プロジェクトの評価尺度を考えなければならない。どのような尺度を考えるかで評価は変わってくるので、地域活性化を考えている読者には是非自分たちで考えてもらいたいが、以下のようなものも候補に含まれるはずである。

ご当地グルメの評価尺度

① 地域活性化に果たすご当地グルメの役割のイメージが、推進する人びとの間で共有されているかどうかが重要である。ご当地グルメを仕掛けた人びとや事業者が儲ければそれで終わりということではダメである。

② 地域住民がご当地グルメをネタにして盛り上がらなければならない。地域住民が巻き込まれないご当地グルメはダメである。

③　多様な人が顔を会わせることが重要である。人びとが集まるためには、ご当地グルメを組み込んだイベントが行われなければならない。地域の定期的なイベントには可能な限り組み込みたいものである。

④　ご当地グルメの集積や新しい取り組みが、マス・メディア、インターネットなどを通じて地域の外に向かって発信され、話題づくりになっていかなければならない。話題になるような状況を生み出すことも重要である。

⑤　地域外の人たち（例えば、観光客）に対しても積極的なコミュニケーションが望まれる。そのためには、行政のホームページなどからご当地グルメの情報に簡単にたどり着ける工夫が必要である。

⑥　都市住民との交流促進を考えれば、観光事業との連動が重要である。ご当地グルメだけを目当てにくることは少ないが、反対に、風景や名所旧跡だけを目当てにくることも少ないと考えた方がよい。観光と食の連動などを考え、シナジー効果を生み出すアイデアを考え、活動を広げていくことが重要である。

⑦　このような盛り上がりを契機に、地域経営の中間的な目標である、外貨獲得、定住促進、交流促進といった観点から、地域の活性化の次の一手や様々なプロジェクト間のシナジー効果などについて考えることが重要である。

⑧　もちろんご当地グルメを提供している事業者の採算がとれなければならない。この条件が満たされないと長続きしない。

⑨　地域経営のためには、利己性と利他性のバランスをとることが重要である。一つひとつでは小さい動きかもしれないが、みんなで協力することで大きな力になることを体験知として学んでいけるかというのも重要な点である。

⑩　ご当地グルメのブランド化を強く意識することが必要である。ブランドづくりには長い時間と継続的な努力が必要であるが、良いブランドは必ず人びとを幸せにする。

⑪　このようなプロジェクトを起こし、さまざまな人びとの活動を支援し、継続しつづけるためには、人づくり、組織づくりの仕組み作りが不可欠である。すなわち、複数のプロジェクトが、このような仕組みの中で全体的な視点から統括されているかどうかも重要なポイントである。

本書のケースからの示唆

このような様々な観点から、個別のケースは評価され改善されて行かなくてはならない。それでは、本書の各ケースはどのように評価できるのであろうか。まずは試しに、インターネットの検索エンジンGoogleでそれぞれのご当地グルメの名前を検索してみよう。熱心にコミュニケーション活動を行っていれば、それらの情報は検索結果のトップページに載ってこなければおかしい。実際にやってみると、結果は、糸満海人かまぼこ、佐伯ごまだしうどん、須坂みそ料理、高岡コロッケのように新しくブランドを作ったケースで、検索上位に出てくることが分かる。

例えば、須坂みそ料理の情報は、市のトップページからも観光協会のサイトからも容易にたどり着くことができる。市内観光や市のイベントとの連動も図られており、一つひとつのお店の規模は小さくても、事業者や多くの関係者が良い感じで連携している様子がうかがえる。

高岡コロッケでは、高岡コロッケ実行委員会の作成した専用サイトの内容が充実しているが、市のサイトや観光との連動がまだ十分に図られておらず、その点が残念である。佐伯ごまだしうどんも専用サイトを立ち上げている点は評価できるが、ネットの検索で上位に引っかかってこない。市―観光―食といった連動をもう少し考えた方が良いと思う。

興味深いのは、明石市と帯広市である。どちらも、検索で「明石玉子焼き」、「ビフトロ丼」を引いて上位に引っかかってくるのは通販や個人サイトであり、地域ブランドの発信という点ではやや弱いといえる。しかし、どちらも市のサイトにユニークなリンクがある。明石玉子焼き自体が明石市のサイトで紹介されていない点は残念だが、「明石・タコ検定」というページに飛べるようになっており、地元の「食」であるタコをアピールしている点は評価できる。また帯広市のサイトには「食の王国」らしく「帯広・十勝を食べつくそう」のコーナーがあり、多彩な食を紹介している。

ビフトロ丼は、帯広市の「北の屋台」に出店している農屋《みのりや》というお店の人気メニューの名前である。この北の屋台は、帯広市のイノベーションであり同時に一種のインキュベーションの役割も果たしている。マーケティングという観点から見てもたいへん優れた対話の場であると思うが、ブランドという点からビフトロ丼についてちょっと気にかかることがある。それは、十勝（帯広）——北の屋台——農屋——ビフトロ丼というように、ブランド化したい地域と商品ブランドとの間に階層的な距離ができてしまっている点である。ご当地グルメで地域おこしを考えるなら、ブランドに地域を連想させるものが入っていた方が良いように思う。

このように新しく作ったブランド、あるいは伝統的なものでも地域経営という視点から新たな意味づけを行ったものは、地域のブランド化につながっている。さらに、プロジェクトを考えて実行している人びとの多様な集団の協力関係が構築されている。このことは人づくりといった点からも評価できる。場当たり的に個人がやっているのではない。事務局があり、他の組織との連携が模索されている。まだまだ始まったばかりであり、活動の勢いをいかに保つかがブランドづくりにとって今後の課題であろう。

それに比べて、従来のイメージから脱皮できていないご当地グルメにはそのような組織的な集団が存在していない。そのために、地域の活性化、情報の発進力という観点からはやや盛り上がりに欠け、見劣りがするのはやむを得ない。

しかし、そこにはそれなりの理由がありそうである。たとえば、栃木のそばのケースでは、県というと地域が広域すぎるので、各地の独自性がかえって遠心力として働き、「栃木そば」としての統一イメージを形成するようには活動のベクトルが揃っていない。あんこう鍋も同様である。米沢市のラーメンのケースでも、各店舗の個性が強い上に、集積密度が高い。なおかつ経営規模が小さいので、遠心力が働きがちである。これらのケースでは、まちづくりの活動に巻き込むためのプロジェクトを考えにくいのかもしれない。

地域を活性化し地域ブランドにつなげていくために、向いているご当地グルメと向いていないものがあるのかは興味深い問題である。そばもラーメンも個別に職人気質で味を極めていくタイプなので、地域の動きにどのように引き込んでいくのかが課題となりそうである。

4　変化は小さな現場から生まれる

どこかに行こうと思ったら、右足と左足が勝手な方向に行ってはいけない。しかしいちいち考えなくとも、無意識にちゃんと歩けるように人間はできている。ボートでもサッカーでも、各選手がいちいち指揮官から命令されるのではなく、自律的に判断し行動することで、ボートはゴールに早くたどり着けるし、サッカーの鮮やかなゴールシーンが生まれるのである。地域経営でも原理原則は同じである。常に行動しながら自律的に次の一手を考えていかなくてはならない。

鷹山は一生をかけて地域の再生を果たした。最初は、気づかないくらいの小さな変化を起こすのが精一杯だったはずである。常に変化を起こすことで、小さな変化が人びとの意識を変え、自律的に様々なアイデアや活動が生まれ、やがて藩を動かすまで大きくなったのである。国に頼らない新しい経営を軌道に乗せるまでには多くの時間が必要だろう。しかし、たとえ小規模でも地域の人びとが協力した手作りのプロジェクトには、競争に明け暮れる官僚的な大企業にはない人間味のある魅力がある。特に、地元の「食」の再発見には間違いなく多くの人を惹きつける大きな力がある。一億総グルメ時代にあっても、日本の地方都市にはまだまだ全国区になっていない、文化に根ざした「食」の宝の山が眠っているように思う。ご当地グルメを活用して、地域経営の小さな一歩を勇気を抱いて踏み出してもらいたい。

（1）詳しくは、内村鑑三『代表的日本人』岩波文庫、あるいは、童門冬二『内村鑑三の「代表的日本人」』ＰＨＰ研究所、二〇〇七年、などを参照されたい。

（2）野中郁次郎・竹内弘高『知識創造企業』東洋経済新報社、一九九六年。
（3）たとえば、良く知られた口コミ化粧品サイトに@cosmeがある。
（4）片平秀貴・古川一郎・阿部誠『超顧客主義』東洋経済新報社、二〇〇三年。

執筆者紹介

関　満博　（序章、第 2 章）

古川一郎　（第 3 章、終章）

山藤竜太郎（第 1 章）
1976 年　東京都生まれ
2006 年　一橋大学大学院商学研究科博士後期課程修了
現　在　日本学術振興会特別研究員（PD）　博士（商学）

小泉力夫　（第 4 章）
1962 年　茨城県生まれ
1985 年　立教大学法学部卒業
現　在　ひたちなか商工会議所振興部工業振興課長

西村裕子　（第 5 章）
1984 年　広島県生まれ
2008 年　一橋大学社会学部卒業
現　在　一橋大学大学院商学研究科修士課程

大平修司　（第 6 章）
1973 年　群馬県生まれ
2007 年　一橋大学大学院商学研究科博士後期課程修了
現　在　千葉商科大学商経学部専任講師　博士（商学）

西村俊輔　（第 7 章）
1980 年　石川県生まれ
2005 年　一橋大学商学部卒業
現　在　日本政策投資銀行新事業・技術投資グループ副調査役

尾野寛明　（第 8 章）
1982 年　埼玉県生まれ
2008 年　一橋大学大学院商学研究科修士課程修了
現　在　一橋大学大学院商学研究科博士後期課程

崔　珉寧（第 9 章）
1972 年　韓国釜山市生まれ
2005 年　一橋大学大学院商学研究科博士後期課程修了
現　在　沖縄大学法経学部法経学科専任講師　博士（商学）

長久洋樹　（第 10 章）
1970 年　富山県生まれ
1992 年　新潟大学経済学部卒業
現　在　高岡市産業振興部商業観光課主査

編者紹介

関《せき》　満博《みつひろ》

1948年　富山県生まれ
1976年　成城大学大学院経済学研究科博士課程修了
現　在　一橋大学大学院商学研究科教授　博士（経済学）
著　書　『中国の産学連携』（編著、新評論、2007年）
『メイド・イン・チャイナ』（編著、新評論、2007年）
『地域産業の「現場」を行く　第1集　地域の片隅から』（新評論、2008年）他

古川一郎《ふるかわいちろう》

1956年　東京都生まれ
1988年　東京大学大学院経済学研究科博士課程単位取得
現　在　一橋大学大学院商学研究科教授
著　書　『超顧客主義』（共著、東洋経済新報社、2003年）
『反経営学の経営』（共著、東洋経済新報社、2007年）
『「B級グルメ」の地域ブランド戦略』（共著、新評論、2008年）他

中小都市の「B級グルメ」戦略　（検印廃止）

2008年7月15日　初版第1刷発行

編　者　関　満博
古川一郎

発行者　武市一幸

発行所　株式会社　新評論

〒169-0051　東京都新宿区西早稲田3-16-28
http://www.shinhyoron.co.jp
電話　03（3202）7391
FAX　03（3202）5832
振替　00160-1-113487

落丁・乱丁本はお取り替えします
定価はカバーに表示してあります

装　訂　山田英春
印　刷　新栄堂
製　本　桂川製本

ISBN 978-4-7948-0779-3
Printed in Japan